洪哲茗、邱茂恒——著

PRECISE INVESTMENT

推薦序

　　小時候家裡很窮，父母常常四處借錢以解燃眉之急，欠了一屁股債。當時年幼的我沒有太多記憶，只記得有段時間常常換地方住。後來父母親決定開白助餐做個小生意，剛好遇上台灣經濟最火熱的 80 ～ 90 年代，自助餐生意也越來越好，後來我們家不但還清債務，還邁入小康家庭。當時台灣經濟一片欣欣向榮，股市大好，全民炒股成了一股風氣，大家樂、六合彩等簽賭活動蔚為風潮，我的父母也成為熱衷簽賭的一員，把一大部分做生意辛苦賺來的錢，都貢獻給了六合彩組頭。當時我家隔壁鄰居就是組頭之一，每隔一段時間開著名車出門，回家時車上堆滿收回來的賭資；他們不需要工作，一家四口過著奢侈的生活。

　　可惜好景不常，90 年後，先是台灣股市泡沫破裂，台股加權指數從最高點的 12,682 點，竟然在短短 8 個月內崩跌了超過 10,000 點。隨著中國市場開放，台灣大量製造業外移，經濟前景立刻黯淡下來。隨後又遇上 97 年亞洲金融風暴，以及 2000 年網路泡沫等重大事件，先不談整個台灣如何，光是我的家庭和隔壁鄰居後來的際遇，就足夠戲劇化了。我們家自助餐的生意一天不如一天，父母親又沒有正確的理財行為，導致生意收掉後，並沒有多少積蓄，父親只能找個大樓保全的工作，領著微薄薪資，母親則做些手工貼補家用。隔壁奢侈的鄰居後來聽說也過著困頓的生活，鄰居的兩個孩子，自然是我幼時的玩伴，其中一個後來甚至在家中上吊身亡，我到現在都還難以置信。

　　現在距離當時已經過了 30 多年，我也在因緣際會之下成為一名專職投資人，對投資理財有比一般人更多一點的認識，再回顧這些往事，更加覺得感慨。「人無遠慮，必有近憂」，一直是我很喜歡的一句話。如果我的父母，以及鄰居，他們在當時家中經濟向好之時，懂

得對未來做一些規劃，縱使只是最基本的把錢存進銀行，現在都會過著不一樣的生活。他們正當年輕打拼事業的時候，恰好是台灣經濟榮景之時，當時銀行定存利率甚至是雙位數，所以他們即使完全不懂理財，只要固定存錢，退休之後可能也還能過得不算太糟。我們這一代的年輕人處境可就更加艱難了，薪資長期停滯，物價持續上漲，在這種情況下，如果不學習投資理財，幾乎可以斷定關於錢的煩惱，未來將如影隨形。所以我一直認為基本理財知識，應該納入國民教育裡面，讓大家及早認知這些事實，出社會後才能夠有正確的認知，並及早做理財規劃。

然而現在的情況是，絕大部分年輕人出社會開始工作之後，對理財的知識幾乎是付之闕如。這次財經傳訊出版的這本新書《精準投資》，就是為這些人所寫，書中一步一步教讀者如何做財務規劃，提倡以目標導向投資系統打造人生藍圖，我相當認同這個觀點。每個人的具體狀況都不同，人生藍圖當然也不會相同，因此不會有一體適用的標準答案，然而書中提出的目標導向投資系統，卻是大家都能利用的框架，他不會告訴你具體該怎麼做，但會指引你方向，幫助你一步一步往目標靠近，不至於偏離，是相當適合一般大眾的理財教科書。

臉書粉專「瀟湘夜雨」版主　巫明帆

假如真的要我說的話，這是一本每個人都必讀的書啊！尤其我最近在推《成長策略：職涯規劃》線上課時，我真的很想告訴大家，你們很可能少了一塊職場中最關鍵的拼圖——人生的投資理財。

我看過很多已經有點財務基礎的人，依舊被財務綁住，因為不知道煞車在哪；我看過更多對於工作沒有想法的人，對於職場束手無策，卻也沒別的做法。

你們知道財務規劃，可以讓這一切都好一點嗎？

我很少看到可以寫得那麼深入的投資理財書籍。而你們也不要誤會「深入」的意思，以為是什麼樣的技術分析或是報明牌，而是哲茗和茂恒告訴我們，其實很多理財的誤判，都是因為我們從沒跟自己的丈夫或妻子溝通過。

我們都沒有先想想，要過什麼樣的生活，就拚了命悶著頭的賺錢、存錢，一個家怎麼可能會快樂？（要也要有共識地一起拚了命賺錢啊！）

常常被股市的消息殺個措手不及？股市才不管你最近的工作壓力大，或者家裡是否有哪些事情正在操煩著。

定期定額的被動投資，總是要求你紀律，但是這樣的紀律好像會讓你這幾年，就注定活著拘謹，少了一點生活的質感。

好像非得要自己的戶頭裡存好了 8 位數的金額，我們才可以喘一口氣，好好的生活。這樣的生活沒什麼人可以做得到，所以也沒什麼人的生活過得好。

寫到這邊我真的覺得，投資理財就是全台灣 90% 的人都需要的必修課，但是就是沒人開，也沒多少人修。

這是我少數 100% 認同的一本規劃的書。

你知道這樣的話，絕對很少從我的文字中出現，但是因為我在協

助台灣新創、講師或是個人品牌的建立時，都會先陪著他們建立「對事業最美好的想像」後，才「以終為始」去規劃一家企業的營收模式，從不同的營收預期，再去規劃與調整自己經營企業的策略。

就跟哲茗和茂恒一樣，也是讓我們先設定好自己，對於生活中的想像，設定好人生的目標，再「以終為始」去規劃自己每個階段的理財工具與投資方向，這不就像是在經營一家人生企業嗎？

而他們就是我們的財務長（CFO）。

- 對於未來的生活沒有想像與目標
- 家庭缺乏對於財務規劃上的溝通
- 沒有好好盤點過自己的財務黑洞
- 不知道如何規劃自己的財務藍圖
- 知道投資很重要但不知從何下手

假如你有上述的 5 項問題，歡迎大家買下《精準投資》來看，書裡都給了我們答案。而我特別喜歡，他們從家庭出發、從生活出發的角度來談投資理財，太真實了——我相信你們懂我說的話。

想要站著把錢掙了？那我跟你說最重要的一件事，在社會上立足除了做事的本事外，就是投資理財了。

讓我們用這本書去了解我們早該懂的投資理財。

策略思維商學院院長　孫治華

我對本書的第二章「以目標導向投資系統打造人生藍圖」非常有感觸。從我有主見開始，我就是個極度排斥規劃的人，奉行「船到橋頭自然直」的人生觀，但往往就是將生活過得一蹋糊塗。直到歷經了兩次的國考落榜，體態和健康也亮起了紅燈，開始在網路上搜尋「減肥計畫」，照表操課減下近 30 公斤，開始有「目標、計畫、執行」的思維以後，制定了讀書計畫並嚴格執行，最終也通過了國家考試。

但是在整個人生中，用 3 個月來執行減肥計畫、考試計畫，只不過是一個短期的簡單任務，在時間的縱向裡，要如何規劃自己七、八十年的人生？在空間的橫向裡，要如何規劃夫妻、家庭甚至整個家族的生活？當中的變數淹沒我們，令我們感到畏懼，而「理財」是少數能夠操之在己的浮木，本書或許是我的那只浮木，也許更是讀者們乘風破浪的旗艦。

吉常同法律事務所律師　吳軒宇

親愛的朋友，當我們提到理財顧問、投資規劃、財務自由這三個字眼時，不知道您腦海中浮現的畫面是什麼？是一個報商品報明牌，經過一番「認真規劃」，然後王子公主從此就在歐洲海灘的陽傘下，喝著果汁，過著幸福快樂的日子了？

如果您想像的畫面是這樣，那您就真的該好好地讀讀這本書。您會發現，的確是能達成的，只是順序及理財顧問所做的事，可能會跟您想像的不太一樣。

傳統的投資規劃，總是以投資什麼商品為主，卻反而遺忘最重要的事情，就是對我們而言，甚麼才叫做「財務自由」。

反觀本書所提的投資規劃，卻是以每個人對生活的需求及承擔責任的不同，先訂立目標，再以目標為導向來做各項的分析規劃，由理財顧問來幫忙量身訂做，從保險的風險分擔，家庭支出評估，投資商品建議，持續評估修正，最終達成我們夢想中，財務自由的退休生活。

《精準投資》這本書，衷心推薦給懷抱著退休夢想，卻又不知如何開始規劃的你。

恆春基督教醫院急診室主任　林子峻

哲茗是我親自面試進銀行，甚至我認為是被我「騙」進銀行的金融交易平台。當時是 2008 年金融次貸危機之後，所有相關的交易人員與主管都戰死了！連我都是被抓來墊背的。

　　哲茗是個想法與執行力很高度正相關的人，這樣層次的人在一般上班族中是鳳毛麟角！所以我大聲鼓勵他去走自己的路。

　　「財富自由」是新一代的名詞，一般普遍認為是有房有車有錢，不用上班看老闆的臉色。我自己也到了耳順之年，自認為「自我肯定」就是財富自由，而自我肯定的信念就是財富不斷的累積，財富的累積則需要自制力、創造力、執行力與自我修正能力……。

　　如果在 2002 年以前，Nokia 與 Apple 你會押那一家呢？至少我清楚，我會押哲茗，不會押我自己，因為我已經過時了──我曾是哲茗的同事，在金融業服務超過 30 年，商業銀行與投資銀行業務都曾涉獵，最近也聽哲茗的意見，該聽聽自己的聲音了。

高雄銀行副總經理　陳守仁

市面上有很多書籍談如何投資，例如怎麼買 ETF，或怎麼存股？但是很少有書談為什麼要投資？由於所有投資方法都有其優缺點，因此必須先了解為什麼要投資，才能選擇對自己最有幫助的方式與標的。

我與本書作者：哲茗與茂恒第一次見面，就聊到欲罷不能，兩位的理念與我在學校傳達給學生的完全一致。學習投資很重要沒錯，但是更重要的是，在投資之前要先認識自己人生目標的優先順序，以及培養良好的收支習慣。

《精準投資》可貴之處在於，作者介紹的 QVDT 投資原則，在學術上都有充分的證據支持，並非個案或特例。此外，讀者可以透過本書最後一章的個案了解，單單依靠投資或保險並無法解決所有理財問題，解決問題的關鍵通常是案主能對人生目標做出取捨，以及有紀律執行儲蓄計畫。本書帶領讀者用更宏觀的視野來思考投資與理財，見樹又見林。

國立台灣大學財務金融學系教授　陳彥行

投資理財是一種對人生影響深遠的習慣與態度，不論是學生，或是正在努力工作的人，甚至是已退休的人，若對於資產的配置無良好的理財規劃，不但無法實現夢想，在瞬息萬變的人生之中，也可能因面臨各種風險而陷入困頓。

　　《精準投資》從常見的財務黑洞開始說明，使讀者能快速瞭解投資理財的重要性，再進一步為讀者剖析投資理財往往未如預期的原因，並以「QVDT投資組合原則」為讀者說明需要留意的細節。最後並演練具體個案，為讀者說明常見的財務問題及改善方法。

　　對於剛踏上投資理財之旅的朋友，本書以深入淺出的寫作方式傳達重要的理財觀念，絕對是您在旅途中的最佳夥伴。

　　　　　　　　　大任國際法律事務所主持律師　陳建宏

《精準投資》突破了我以往對財務的框架。曾經我以為，理財就是省吃儉用，對每筆花費都斤斤計較，每一分錢都存得不快樂；曾經我相信，投資就是天天關注股市、看漲看跌，卻發現心情隨著股價高低起伏，反倒是股市操控了我；曾經我習慣把所有財商類的書籍，都當成工具書，純粹的客觀與理性，盡可能讓財富最大化。

　　直到閱讀了這本書，我認識了目標導向的投資方法，原來，所謂的財務規劃，其實更像是一份理想的人生規劃，它能反映出我們的價值觀、夢想和信念，它並非一體適用，而是客製化、因人而異的。

　　對我而言，這本書更像是一部財務管理的心法寶典，讓我在通往財富自由的軌道上，無論是賺錢或是花費，都因為連結了人生目標，得以從容而踏實。

　　　　　　　　　　高中國文老師／詩人　蔡雅婷（鹿鳴）

《精準投資》寫作邏輯非常清楚，將困難的財務行為學變成了一本人人都能理解的實用書籍，從每個人生活中常見的理財投資問題出發，這些常見的問題包含了個人或家庭收入分配、保費以及小孩的養育等實用問題。

　　從這些問題的討論，並推導歸納延伸出「目標導向」的投資概念。難能可貴的是，這些概念透過作者的濃縮及歸納後，變成了5個我們大家都可以應用的投資必要條件，包括了「目標」、「問題」、「診斷」、「設計」與「檢視」。

　　具備了這些概念後，也不代表投資一定會賺錢，其中必然還有我們不知道的「細節」。這些細節作者也無私地分享在第三章的討論，例如何時需要調整自己的投資組合等等，讓大家更能清楚理解如何應用所學到的投資必要條件。相信讀者在閱讀完此書後，會更精準地了解自己的目標及投資行為。

國立中山大學企業管理學系專任助理教授　盧憶

洪哲茗序：
我的顧問之路——從操盤手到家庭財務醫生

在轉職成為顧問後，每當提起我過去在銀行的經歷，大家總會好奇地問我：為何要選擇成為顧問呢？收費制理財規劃的觀念，在台灣推動得起來嗎？

其實，在我人生的職涯當中，一共做過幾次的重大抉擇，每一次都讓我重新探索自己內心的想法。而這一次，如果沒有意外的話，應該會是人生最後一次。

第一次：捨棄醫學系，選填電機系

在那個還是大學聯考的時代，因為聯考成績不錯，所以有醫學系與理工科系可以選擇。可能因為有點怕血加上一點點叛逆的想法，所以最終選填了電機系。**這次的選擇，我知道我不喜歡什麼。但是，我還不知道自己喜歡什麼。**

第二次：從工學院到商學院

進到了大學，每周練球比上課時間還多的我，因為聽了導師的一句話：大學就是要像通識教育，開始了商學院的選修之路。這一修，漸漸修出了興趣，考上國企所財工組後，我會為了寫選擇權評價程式而熬夜，但我念電機系時卻不曾為了寫程式而熬夜。**這一次，我知道我對什麼有興趣，並且願意全心投入。**

第三次：回歸故鄉

研究所畢業時，適逢 2008 年金融海嘯，我何其幸運地獲得 IBM 的青睞。工作了兩個月後，原本以為石沉大海、投給高雄銀行的履

歷，突然來了通知要進行筆試。原本還在猶豫要不要應試，卻接到了外公過世的消息，身為家中長子的我，覺得不要離父母太遠比較妥當，油然而生了回到高雄工作的念頭。

在高銀面試過程還有個小插曲，其中一位面試官問了我女朋友是哪裡人，大概是想確認我是否認真的想回高雄工作吧！當時論及婚嫁的女友——也就是現在的老婆，在我決定想回高雄工作時，就已經答應願意跟著我南下高雄（我太太是土生土長的台北人），因此順利通過面試官的這個提問，拿到了高銀的 offer。**這一次過程，我知道除了工作之外，對我而言，還有其他更重要的事。**

第四次：從操盤手到家庭財務醫生

在高雄銀行的期間，一路在外匯交易、國際聯貸、債券投資等職位磨練，大概真的是喜歡這項工作，我幾乎從來沒有 Blue Monday 的問題，反而是周末市場沒開盤時，會讓我稍稍覺得不耐。聯貸案、投資案要趕審核時程時，我也常常在家熬夜趕案子；聯準會主席凌晨三點的記者會，我會自己醒過來，就為了看市場第一時間的反應。身體雖然累，心裏卻是相當滿足的。

隨著經驗的累積，很快地被賦予了主管的職位，管理的資金部位也越來越多。直到我離開銀行的前一年，我最高同時帶領七位交易員，為上百億的資金進行決策。然而，每天看到的數字雖然越來越多，但我的心卻越來越空虛。

是麻痺嗎？我也不知道，我嘗試著找回熱情。偶然間，有 FB 好友分享了安睿宏觀這家公司的活動，我還記得那天在上很無聊的課程，所以我也順手 google 了一下這家公司，才知道原來有公司在做「規劃」，而不是賣金融商品為導向。

這引起了我的興趣，原來金融專業不是只能幫銀行操盤賺錢，而是真的可以幫助身邊的人，走在正確的理財路上。但是說真的，也還沒想過加入，只想說隨著我在銀行越來越被重用、可動用的資源越來

越多，可以推動銀行開始做真正的財富管理。

我真的是這樣想的。因為高雄銀行是個區域性的小銀行，如果要長久在市場生存，就不能跟著大銀行做一樣的事，一定要走不一樣的路。只是，慢慢地發現，光是要坐上舉足輕重的位置，就要耕耘很久，還可能因為短期績效不好就冷凍，更要確保自己在這樣的環境中不會放棄心中的理想。

2019 年 1 月 5 日，安睿宏觀顧問公司在台北舉辦顧問招募說明會。前一晚，我因為感冒高燒、拉肚子，徹夜未眠。原訂早上六點的高鐵，一直在猶豫著到底要不要取消，但心裡突然有個聲音告訴自己：如果真的想以理財規劃為職志，那麼現在動身去搭高鐵，只是老天給你的第一個考驗。

在經過幾年的實際執案後，對於理財規劃服務有了更多的想法，於是再次選擇改變，成立了**定方財務顧問**公司，開始一步一步朝著自己的理想前進！**這一次，我選擇的不是一份工作，而是一輩子的志業。**

我為何選擇成為顧問？

一開始，我不太知道怎麼回答這個問題。或者說，我不太確定這個問題的答案是否如我轉職前所想像的。現在，隨著客戶進行完規劃後，給我的回饋與分享，讓我越來越堅信：**理財不只是數字，背後代表的其實是個人或家庭的價值觀與夢想，而每一個夢想，都值得好好被對待。**

邱茂恒序：
命運跟我開了一個大玩笑──卻使我從此相信，每個人都有機會選擇自己想過的人生

　　命運跟我開了個大玩笑，本以為自己身在一個小康順遂的家庭，即便不富裕，但也不用為了生活煩惱。但命運多舛，命運總是在你最意想不到的時候，來了一個大轉彎。那年，我 13 歲，人生走上跟預計不同的道路。母親在 40 歲的時候動了心臟瓣膜置換術，術後洗頭休克導致腦細胞部分壞死，40 歲就開啟了類阿茲海默症的人生，過了 19 年本來的她無法接受的人生後，因病反覆治療，走完了她的一生。父親因賭欠債，在少了母親的限制後變本加厲，除了自己的積蓄跟信用，連母親的房、信用，最後都變成父親龐大的負債。近年來，父親身體終於不堪往日的惡習積累，躺進了安養中心。當時 13 歲的我心中只想著，為什麼這會發生在我身上。不想努力讀書、只想自我放逐，覺得人生好像沒甚麼意義。也幸虧當時姑姑跟表姊伸出她們溫暖的手，讓我有機會完成學業，不至於走向自我放逐的人生，並且在面臨社會的洗禮時，更能夠承擔挫折以及為自己的選擇負責。

　　現在，媽媽終於離苦得樂。而爸爸也住進了安養中心，只能躺在床上及使用輪椅行動，一切終於告了一個段落。再艱難的山，終究還是會爬完。這也讓我很清楚的感受到，有規劃的爬山跟被迫往高山走，是完全不一樣的，可以更有準備，也可以不需要這麼痛苦。我過去這段旅程，其實是可以好好做好規劃，甚至很多狀況都是能夠及早避免的。

　　人生是可以規劃的，規劃不能讓我們阻止事情發生，但可以讓我們有餘裕處理事情跟多些選擇。我們可以多做一些準備，發生意外不

至於無以為繼。遇到疾病也都能夠有保險，或者自己準備的醫療準備
金支付。遇到狀況不至於房貸繳不出來，讓房子被法拍。退休生活我
們可以及早安排，過著自己想過的生活。自己的經歷，是我決心想幫
助別人做好財務規劃，推廣財商觀念的關鍵。我希望每一個家庭，都
能按部就班照著自己想要的生活去實踐，而不是像我過去一樣，已經
破碎了才想要拼命的縫補，被命運押送著往前走。理解財務規劃，增
進財商觀念，**每個人都有機會實現夢想，完成希望，過著自己有所選
擇的人生，而不再被迫做選擇。**

———— 序論 ————

什麼是目標導向投資系統？

◤ 傳統的投資理財模式

你是否有過這樣的經驗？走進銀行大廳，親切的服務人員上前詢問：「今天想辦理什麼業務？」當你告知想了解投資商品後，服務人員熱切地介紹時下熱門的基金、保單。

若你表達購買的意願時，接著服務人員會拿出一份風險評量表，除了依據你的收入、年齡、學歷等客觀條件評估風險承受度外，也會依據對虧損的忍受程度（例如：投資一年內可以接受多少%的虧損）等主觀認定來評分。

於是乎，傳統的投資理財模式，往往出現了以下的路徑：

風險承受度	投資商品	報酬	財務目標

我們讓「風險承受度」決定了「投資商品」，該商品的「報酬」結果好壞，決定了我們的「財務目標」。

舉例來說，我們想準備五年後的購屋頭期款，而現在正逢市場大好，人們這時偏好積極參與投資，所以選擇了相對高風險的金融商品，期待能快速累積到頭期款。

然而，當市場崩跌或不如預期時，人們卻不敢繼續持有，或者被迫賣出投資標的，最終也不敢繼續投資。只是，這段期間的報酬結果，如果低於原先的預期，我們願意接受用比較少的頭期款，購買較小的房子嗎？而這會是我們期待的生活嗎？

所以，讓「風險承受度」決定我們的投資組合，進而影響到我們的「財務目標」，並不是一個理想的投資模式。

目標導向投資系統

　　我們所提倡的目標導向投資系統，路徑會是如下：

財務目標　▶　目標報酬率　▶　資產配置　▶　風險承擔

　　先具體量化各項「財務目標」的金額、時間，長時間的財務目標還必須考量通貨膨脹的因素。盤點過我們的收入及剩餘的時間後，會先得出一個達成財務目標所需要的「目標報酬率」，倘若目標報酬率遠遠高過合理的市場報酬率（例如：20％以上），應該是要先調整財務目標，或是增加收入、減少支出以提高投入金額。

　　設定好所需的「目標報酬率」後，才去建構投資組合，做好「資產配置」，以因應各項財務目標所需。過程當中，當然必須清楚了解投資組合會面臨的風險，但認識風險並不代表要逃避風險，而是知道過程中難免會遇到波折，為了達成目標，必要、無法規避的風險，我們必須要勇於「風險承擔」。

　　因為知道會經歷什麼風險、更知道為什麼需要經歷風險，投資過程就不容易受到市場情緒影響，而做出錯誤的決策。

　　「目標導向投資系統」就好比疫苗一樣。剛接受疫苗注射時，可能會讓我們短期內感到不舒服，但是這會讓我們開始產生抵抗力；而注射疫苗也不代表不會染疫，但卻會降低重症的機率，大大提高存活率。

　　採用「目標導向投資系統」，剛開始會覺得幹嘛把投資弄得這麼

麻煩，甚至還必須調整現有的支出習慣，非常不舒服。但隨著時間經過，我們抵抗市場波動風險、人生變動風險的能力越來越強，雖然風險成真時，我們依然會感到不舒服，但也會產生「有餘裕」的自在感，安然度過每次危機，朝人生理想安穩航行。

為何目標導向投資系統可以安心執行與達成？

我們到底是為了什麼需要投資

雖然每個人的狀況跟目標都不一樣，但大多數人在財務上都有相似的困擾：

★我們到底要賺多少錢才夠？

★我們為什麼都無法存下錢？

★我們買的保險到底適不適合？

★我們做的投資真的可以幫我們賺到錢嗎？

★理財到底該怎麼理？

也因為這些問題存在，我們才開始想要嘗試投資，但最終結果常常都不如自己所想。我們要設計「**目標導向投資系統**」，就是要把這許多難以解決的難題，依照自己想要過的生活型態，重新去設計可能達成的方案，讓這個方案成為執行對照的地圖，使自己在做決策，有可以依循的標準。也因為一切決策都有了準則，這時投資才能達到精準，以符合我們要解決的問題。

在我們每個人的一生當中，如果為了退休、買房、生小孩、轉職、創業等各種目標，跟我們現在的各種收入、日常支出的柴米油鹽醬醋茶到底有什麼影響？時間點的不同、擁有資產的差異，又能產生出什麼不一樣的決策？這都是讓大家無法好好處理財務問題的原因。

目標導向投資系統可以解決的問題是什麼

1. 確立自己期待的現在與未來的生活型態，是否如自己所想。如我們希望的退休生活是什麼？租房或買房，哪個最符合我們的需求？我們有辦法承擔教養小孩的責任嗎？

2. 運用策略跟數據分析，來衡量「每一個目標如果要達成，對自己生活或其他目標的影響是什麼」，並打造一個**符合價值觀的計畫與投資組合**。使自己想要達成的目標，有一個具體呈現跟判斷標準。而不會去嘗試做一件達不到的事情，等到做完後才發現不符合自己的預期。

3. 在前面兩點的考量下，我們又能有什麼執行策略，具體做出不同考慮、依據的方案？在這前提下，當我們已經做好準備和執行，確定自己能夠怎麼做，以及能做到什麼。如果能夠提早發現行為會帶給自己什麼結果，其實我們就有了選擇的自由，而不會等到目標近在眼前才發現無法達成，也來不及調整。

 ## 我們可以運用目標導向投資系統規劃人生

步驟一：先確定我們有哪些目標要達成？

步驟二：考量想達成目標的問題點、時間點與預算？

步驟三：依我們現在的狀況與執行方式，如何調整財務狀況達成目標。

步驟四：設定好各種調整策略後，如何具體執行投資、保險、緊急預備金、收支預算管理等計畫。

步驟五：如果目標改變或各種意外發生、市場波動心理影響，知道如何調整來應對。

每一個目標其實都可以用這樣的邏輯來調整，選擇適合自己的投

資方式、提高收入與減少支出、是否調整目標大小或延後，來讓未來目標與現在生活有了串聯，做出最適合自己的財務規劃方式。當我們決策有了準則，投資與財務行為也不再像浮萍一樣不知道該往哪邊走，這使人生不再失去平衡，避免我們走上自己不想要去的道路。

目錄

── 第一章 ──
我們常見的四種財務黑洞，讓金錢在我們眼皮下自動溜走

第二章

以目標導向投資系統打造人生藍圖

第三章

要開始投資了，我們還需要留意哪些細節

── 第四章 ──
實際具體個案的盲點發現與問題解決

第一章

我們常見的四種財務黑洞，讓金錢在我們眼皮下自動溜走

第一節　家庭支出分配搞不定，錢總是存不下來

你有遇過以下問題嗎？

★在家常常為了錢跟另一半爭吵。

★不知道什麼原因，錢好像存不下來。

★小孩的各種支出帳單如雪花般飛來。

★房貸的壓力壓得自己喘不過氣。

★覺得錢不夠應該要投資，但不知道該怎麼辦或是不如預期。

其實這些問題都是許多家庭在日常生活中容易見到的狀況，也都是因為這些原因，影響到自己的財務行為、價值觀溝通、該不該投資、投資能不能做好等問題。如果這些問題沒有去探討本質的原因，那我們常以為的解決方案都只是極為表面的工具或方法，像是要買什麼投資標的？有沒有什麼致富的方法？買了好朋友推薦的保險但不知道真的好嗎？在沒去理解我們為什麼做出這些行為，以及行為跟自己想要的生活間有什麼影響下，最終的結果不見得是自己想要的，但如果結果發生了後才發現這種狀況，可能也無法回頭再重來了。所以要先從釐清問題出發，才能循序漸進設計我們的人生地圖和投資計畫。

我們可以將家庭財務常出現的問題分成**價值觀、目標、策略**三個角度來觀察，很多問題都不出這三個範疇。

價值觀問題

（1）夫妻間沒有好好溝通過彼此的價值觀：這就好像夫妻開著名為「家庭」的一台車，彼此手裡都握著方向盤，但因為沒有溝通好這台車要怎麼開，卻怎麼開也開不好。沒有好好溝通過車子要怎麼開，怎麼期許車子會開到想要去的地方呢？

（2）**總覺得另外一半應該要把財務做好**：即使是夫妻，也無法時時刻刻知道對方在經歷什麼事情、當下都是什麼心情、會做出什麼決定。也因為這些事情不會都被自己看見，也很容易轉嫁了責任，覺得對方應該都會把這些事情處理好。例如先生將錢都交給太太保管，家庭支出都由太太去打理，太太在每一次支出感受到家庭財務的壓力，覺得需要做一些投資來解決問題，最終投資不如預期時，先生只會直接怪罪說為什麼要這樣做，但完全忽略了這些過程與原因，雙方對家裡的財務認知也完全不同。先生可能認為自己努力工作，太太卻隨意把錢花掉；太太認為是家裡支出過大想要貼補家用，卻換來先生的不諒解。

（3）**自己的認知總是感覺比對方重要**：因為每個人對自己經歷的事情感受比較強烈，對其他人的狀況比較難以同理，因此很容易對各種事情產生爭吵。例如先生下班後的娛樂是看影片跟打電動，但太太不覺得這件事情有什麼重要，只要先生在做這兩件事的時候，太太就會連結到怎麼不去做其他更重要的事情，覺得總是自己比較辛苦而感到委屈。反過來說，太太的興趣是購物跟參加讀書會，當太太在買包包、買鞋、買書時，先生也會覺得為什麼要花這些錢跟時間。

🔘 目標問題

（1）**覺得離退休還很遠，不急著存退休金**：有些目標因為比較遙遠，會讓人覺得還有時間。可是我們容易忽略了「還有時間」代表可以準備得比較充裕、調整的幅度不用太大、及早投資金額可以不用這麼多、還有更多彈性調整的空間。時間越短，對自己壓力就越大，我們可以選擇讓時間成為敵人？還是朋友？

（2）**覺得有多餘的錢才存下來，卻不知道存多少錢才足夠**：金錢的花費是代表著我們想要過的食衣住行育樂，是平常的生活方式，因此我們在花錢的時候，會受到每個人的價值觀跟習慣影響。又因為

未來的目標不容易把它量化來評估，所以我們也難以確定現在到底要存到多少才夠。導致人們容易花錢時不想太多（也或許不想去想到更多），結果就變成「收入－支出＝儲蓄」，而很難落實「收入－儲蓄＝支出」，**其實就是因為為什麼要儲蓄和儲蓄金額不明確，讓我們少了判斷的標準及堅持下去的動力。**

（3）**誤以為家裡少花一點錢或找投資標的，是達成目標的唯二解方**：因為家庭的狀態通常都覺得不容易改變，例如工作不會輕易換、房子車子孩子都有了不容易調整，所以**會覺得家裡能改變的就是少花一點錢，不然就只好找高報酬的投資標的。**其實大多數的狀況在於，我們誤以為其他的狀態都不可以調整，心中只有少花錢和投資的選項。如果能重新檢視家庭目標，仔細思考跟家裡現況的關係，就有可能打破框架，發現其他問題或找出自己可以做出的調整。譬如：本來以為一定要幫小孩子準備到就讀碩士的費用，但發現目前家庭財務很難達成時，盲目投資會有風險，也確定不想減少這方面的準備，反而做出提升技能或轉職的決定。而這種過程是很重要的環節，因為每個家庭的不同，都會產生最適合自己的解答，不會每個人都一樣的答案。

🥧 策略問題

（1）**我們的財務觀念，通常承襲於原生家庭**：因為我們的國民教育比較少有「財商素養」的培育，因此財務決定會受到家庭、長輩、親友比較大的影響。長輩如果習慣用「標會」解決問題，很可能當我們家庭遇到狀況時，「標會」就會是比較直覺的選項。如果家裡有親友在投資股票上吃過虧，當我們從小被告誡投資股票很危險，也很容易忽略投資股票背後的原理、邏輯和細節，而直覺地覺得投資很可怕或有錯誤認知，進而導致做了錯誤的決定。

（2）**別人的投資經驗既然可賺到錢，照做就好了**：經驗通常很

可靠，但經驗也容易讓人對事情有錯誤的認知。即使關注各種消息與知識，盡可能了解成功與失敗的原因，但其實並不容易看到事情的全貌。有時看到的各種投資結果，猶如只是看著後照鏡開車，但人們卻對看到的經驗深信不疑。**因為看到好似不錯的投資結果而忽略了因果關係，以為這樣做可以複製，等超乎自己預期的結果發生時，才發現原來跟自己想的不一樣。**更重要的其實是提升自己的判斷能力，以及知道自己為什麼會做各種決定，甚至建構出自己的投資哲學與邏輯，就不會輕易盲從各種說法。

（3）**只看投資報酬率，不重視收支及資產負債管理**：投資做得好，除了要關注報酬率外，其實還需要關注收支與資產負債管理。因為如果其他財務面向沒有管理好，很可能發生意想不到的結果。例如：明明已經沒有太多積蓄，卻因為想要快速賺錢，把錢投入股市，即便股票真的好，也無法保證下個月就會賺錢，反而有可能因為生活遇到狀況而被迫賣出。又如 3 年後要買房子，卻為了當下覺得儲蓄險利率看似比定存好，而把原本要買房的存款，拿來買了 6 年期的儲蓄險，當真的要買房的時候，這筆錢甘願賠錢解約嗎？這些例子不勝枚舉，其實我們必須依據目標、財務現況，才能設計出投資策略和投資組合，只看報酬率很可能會忽略其他的風險。

重點回顧 ▶▶▶

① 先釐清存不了錢的問題點，這些通常不是消費支出本身的問題，而是更本質的價值觀問題。

② 我們可以從價值觀、目標、策略面去思考背後的問題點，除了知道有哪些盲點外，也更能夠去思考下一步可能走的方向。

第二節　如何準備子女教育金，讓孩子面對未來挑戰更有信心

「望子成龍，望女成鳳」，在少子化的趨勢下，父母對養育孩子的期待與責任反而更高，子女教育金就成為許多父母「甜蜜的負荷」，也成為網路的熱搜關鍵字。

但是，在準備教育金的過程，我們也要注意以下三件事，**不要讓自己對子女的愛成為人生中的財務黑洞**，才能開心、安心地看著孩子長大，自信迎接未來挑戰。

夫妻雙方對孩子的教養沒有具體共識

打從孩子一出生，各種花費就接踵而來，包括：要請育嬰假，還是請保母照顧幼兒？孩子上學後，除了學校的課程外，要學哪些才藝，才不會輸在起跑點？孩子上國、高中後，如果課業跟不上，是否要補習？如果沒有充分的共識，夫妻雙方就可能常常為此意見不合。

更不用說，孩子成年上大學後，可能又是另一番爭執的開始。要負擔孩子的學費與生活費嗎？如果有機會出國深造，我們負擔得起這些費用嗎？

舉例來說，夫妻其中一方受原生家庭觀念影響，認為孩子學費是父母的責任；但另一方可能認為孩子成年後就該負擔部分費用，即使背學貸也無妨，反而會讓孩子更珍惜受高等教育的機會。

以上這些，都考驗著夫妻雙方對同一個財務目標的價值觀，先有了共識才不易爭吵，對於孩子的教養方式也更加明確，能讓錢更「精準」地投資在孩子身上。

沒有同時考量其他財務目標

如果沒有完整的計畫，人往往會先關注於時間最近的目標，先設法完成最近的目標後，再把眼光投向下一個目標。舉例來說，一對 30 歲的新婚夫妻，正為了房子的頭期款而存錢，此時即便孩子出生，可能都還不會想到孩子大學後的學費。

順利買了房子後，開始負擔每月增加的房貸金額，同時覺得可能要開始準備孩子的教育金了，就一心一意準備孩子的高等教育費用。等到孩子上大學成年後，教育金的目標也完成了，但此時才赫然發現自己已經 50 歲了，距離期待的 60 歲退休目標，只剩下 10 年的時間，壓力依然甚大。

如果我們沒有把人生當中的所有目標，都一起擺在檯面上做選擇的話，就容易只想先完成最近的目標。所以，將所有的目標都明確量化，了解選擇不同目標之間的成本，例如：如果負擔兩個孩子出國深造的費用，就要延後 4 年退休。

有了這些選擇成本，才能讓我們制定最理想的人生規劃藍圖，不會顧此失彼。

 ## 以為購買金融商品就是投資計畫的全部

沒有釐清自身的財務需求，直接購買金融商品，就好像自己覺得身體不舒服，直接買藥吃一樣，甚至只因為同事、朋友也有買，所以也跟著買買看。

投資確實可以在我們的人生計畫當中，扮演重要的推手，但是前提是必須要「精準」，正確找出病因，對症下藥。投資要能發揮最大效果，可能同時必須搭配增加收入、減少支出或是延後目標等方式，讓時間加乘投資的效果，「精準投資」，事半功倍。

重點回顧 ▶▶▶

① 夫妻需要對孩子的教養方式和目標建立具體共識。

② 除了關注教養的目標之外，同時要將人生的其他目標一併評估考量，避免顧此失彼。

③ 購買金融商品只是投資的執行環節，在更早之前需要考慮自己為什麼需要購買？購買能解決什麼問題？需要打造策略與計畫，才能根據策略計畫的處方箋對症下藥。

第三節　明明自己薪水不算低，但總不知道錢跑哪裡去

你也遇過以下問題嗎？

★常常不知道賺來的錢跑到哪裡去。

★老是因為某些活動而衝動消費。

★感覺自己消費很大，難道還要想辦法增加收入嗎？

★習慣性地使用分期支付，總感覺自己好像還有錢。

★好不容易將存下來的錢拿去投資，但結果總跟想的不一樣。

這些都是我們在個人消費上很常見的問題。如前面章節所述，我們需要從本質的價值觀出發解決問題，而不是一直在尋找各種工具或方法。釐清價值觀後，也才能繼續設想人生該走的下一步。

我們同樣將個人財務常出現的問題分成**價值觀、目標、策略**三個角度來觀察，發現本質的問題點都在於這三個角度。

◑ 價值觀問題

（1）常說太忙了，沒時間管理財務：人都會想把時間花在自己有興趣的事情上，**當我們說自己太忙的時候，很可能只是把事情排好了優先順序；當我們對某件事說沒空時，很可能只是對這件事比較不重視。**所以，如法炮製，也常發生我們懶得管理錢，感覺太複雜，看到數字就頭暈，以致常常對財務說「沒空」。但我們又希望錢財能增加，投資有好結果，而自己卻不願意把時間花在理解財務、發現問題、學習投資等關鍵上面。這就像要一個人不讀書，卻冀求能考上好大學一樣，雖不是完全不可能，但相對更依賴運氣。要減少運氣的影響，自然需要花些時間關注在自己的財務上面，至於要瞭解到什麼程

度可以自行決定。不論是自己繼續鑽研財務與投資問題，或是具備基礎理解後尋找專業人士協助規劃、建立財務策略、打造投資組合，都會讓自己更有餘裕。

（2）**覺得投資理財就是買金融商品**：一提到投資理財，人們似乎都會想到買什麼保險、買什麼股票、買什麼基金。但其實這些金融商品只是工具，就好比我們看醫生後吃的藥，藥當然本身有好壞，不過更關鍵的是對症下藥，吃藥的前提是知道為什麼要吃這個藥？需要解決什麼問題？在投資理財的層面也是如此，尤其當我們不知道買的金融商品如何解決問題，解決什麼問題時，卻已經付出了大筆金錢，原本的機會與時間就這樣悄悄溜走了。

（3）**覺得要有更多的錢，才能好好開始打理財務**：人們常覺得要有錢才能夠打理好財務，但關鍵其實是，眼下這樣的生活方式、存款、收入、消費等，都是有原因的。如果不找出這些問題點、價值觀的認知，就會發現狀態好像一直沒什麼改變，難以等到有更多的錢來打理好財務的那一天。學習投資理財、理解財務規劃，是要幫助自己解決為什麼沒有錢的原因，並非等到有錢才開始。

 ## 目標問題

（1）**覺得活在當下就好了，對未來的目標規劃沒太多想法**：人的本能是著眼於現在，對未來跟過去的看法都不夠客觀。但如果一直著重在當下的話，可能無法好好經營可以累積的事情，如自我成長、投資、學習等。萬一等到未來的目標迫在眉睫時，卻已經很難改變跟調整了。

（2）**以為投資只能快速賺到錢，無法配合長期目標達成**：多數人對投資要多久才有結果這件事，總是看得特別短，好像幾個月就算是長期投資。然而，投資本身依據自己建立的投資策略，有可能會有

不同的期間。例如自己創業當老闆，有可能這個月投錢進去後，預計下個月就要全部賺回來，甚至遠超本金嗎？所以我們才需要配合目標預計多久達成，也才能考慮什麼樣的投資方式、投資組合能達成這件事。又好比退休金的需求比較長期，更可以打造長期的組合，也因此不受到短期波動影響。

（3）忽略資源有限，目標間其實會相互影響達成：其實我們的資源都是有限的，但人的眼光不是客觀的。由於特別在意急迫要完成的事情，以至於總是追逐要存一筆錢買車、再來存一筆錢買房、這個月小朋友的註冊費、存年度旅遊基金。但存著、存著，最容易忽略的就是退休金，更可怕的是當退休迫在眉睫時，因為金額需求比較大，我們已經很難像其他目標一樣，存個幾年就達成了。所以**大家才需要意識到資源是有限的，時間越充裕，才能夠評斷不同目標之間的影響；如何調整目標金額、目標時間、投資策略、投資組合、收入支出管理，都可以及早先畫好自己的人生地圖，再依據執行的方式與各種狀況調整。**

策略問題

（1）覺得收入已經大於支出，就不需要記帳：這個問題也很常發生，雖然收入大於支出可以一直看到有錢存下來，感覺上會比較心安。但問題點在於，我們不知道存的夠不夠，可不可以解決我們所有的人生目標課題。但記帳可以幫助我們理解現況，更可以分析這樣儲蓄是否足夠，存太多或存不夠又該如何調整。同時記帳需要配合目標做管理，知道收支調整對未來的影響，否則容易變成一種紀錄，之後也不知道如何調整。

（2）打算在利率低時，借錢來投資加大獲利：借利率低的錢來投入報酬高的標的，看似很符合邏輯，但這會有一些風險。因為我們可能無法控制利率高低與報酬高低的狀況，譬如貸款升息、投資標的目

前狀況不佳……等。但如果錢已經借了、標的也投入的話,我們就少了一些彈性。因為貸款繼續要繳,但如果標的目前不理想,是否願意認賠殺出呢?如果又遇到一些意外需要支出大筆金錢呢?因此這種方式比較大的問題,就在於遇到特殊狀況時,我們可能會被受限而難以調整,進而影響到財務面。

(3)認為有每月配息的投資工具比較有保障:每個投資方式或投資工具,都有它如何獲利的方式和投資邏輯。但要每月都穩定配息,看似符合人們感覺安心的標準,但這同樣在獲利上會有問題。就像我們如果花了 50 萬元創業開公司,但卻要求每月要拿 10 萬元回來,這時投入的金錢來得及在這麼短的時間幫我們創造獲利嗎?這就有可能得到看似穩定的配息,但結果只是把本金提早拿回來。因此投入市場的資金越少,要賺到預期報酬的難度也越大。

重點回顧 ▶▶▶

① 我們可以從價值觀、目標、策略面去思考背後的問題點,除了知道有哪些盲點外,也更能夠去思考下一步可能走的方向。

② 別盲目尋找各種投資工具,而是要釐清我們要解決什麼問題。

③ 每一個決定都有時間和機會成本,在資源有限的情況下,盡量去理解每一個決定對其他目標及生活的影響。

第四節　保費卡住現金流，沒辦法順利讓錢靠投資長大

　　現代人生活步調快，工作壓力高，下班後往往只想好好陪伴家人、好好休息，要特別挪出時間研究理財，特別困難。

　　此時如果有人提及某某商品可以同時兼具多項理財功能，往往會是心理上的救贖，買了商品就覺得有在理財，對商品卻是抱著錯誤的期待，甚至不知不覺中買了太多，後來連自己買了什麼都不清楚，因而白白耗損寶貴的財務資源。

　　以下也是三種投資理財上常見的盲點。這三點即使沒注意到，短期內可能也不會造成太大的問題，然而長期累積下來，就可能產生嚴重後果，即便投資成果再好，也都可能會被抵銷掉。

緊急預備金不足

　　每年支出保費的比重過高，沒有足夠的資產累積，而隨著換車、換房等需求出現時，就只能掏空手邊所有的資產，甚至必須借貸，手邊總是沒有現金。

　　這也是典型的「先完成眼前目標」症候群，只是這樣的病因不一定是來自生活花費過高，在許多高資產族群中，也常見於購買過多的保險。

　　通常這樣的族群收入高，每月都有一定的金流會進到帳戶，所以感覺一直都有錢；又因為工作太忙，就選擇簡單、保守的保險作為理財工具，不知不覺中買了不少的保險。就這樣，往往到要動用大筆支出時，例如臨時需要換車、每年繳所得稅等，才會發現手邊沒什麼可以隨時動用的現金。

　　緊急預備金就像是滅火器一樣，平時放在角落不起眼的地方，一

點也不吸引人注意，所以我們往往容易忘記定時檢查，甚至嫌占空間而把滅火器移開。平時，我們不會知道滅火器的重要，然而一旦火災發生時，其重要性不言而喻。

誤以為保險同時兼具保障與投資功能

如果保險要達到投資的效果，最終可能是透過保險公司這個平台，再將資金投資到投資顧問推薦的商品。

這樣的方式不是不行，而是要先了解這樣的投資流程，過程產生的費用是否是自己可以接受的？付出了這些費用，取得的好處是什麼？是否有其他的方式可以達成一樣的目的？更不用說，即使是用保單的方式投資，同樣必須好好研究最終我們所投資的商品內容，因為沒有任何一家金融機構可以為我們的投資結果「掛保證」。

即使要用保單投資理財，至少也要先用到保險最有價值的一面，就是可以用少少的保費，在發生巨大損失的時候，補償財務損失。

所以，即使覺得保險可以同時兼具保障與投資功能，但是要付出的成本，也決不會因此而減少，反而必須要好好去拆解我們付出的成本當中，有多少是用於保障，有多少是用於投資，才能評估付出的成本與獲得的價值是否對等。

當然，還得評估保障與額度是否真的符合自身的財務需求、評估保單中的投資是否符合投資原則、達成目標所需要的報酬率，最後也要知道這樣的保費是否會壓垮現金流，造成心理負擔。如此才能將保費支出「精準」花在刀口上，也才能夠安心投資。

沒有定期檢視財務狀況

只記得交保費的日子，不清楚買了什麼保障？ 不僅保單要常常檢

視，自身的財務狀況也要每年定期檢視。除了了解過去一年計畫執行的成效外，也要檢視計畫的條件狀況是否改變。

即使所有客觀條件如薪資、生活開支、投資市場狀況都完全如預期，但至少有一項條件一定是會改變的，那就是時間 ，因為我們距離目標完成的時間又少一年了。隨著時間的推移，也必須重新檢視投資組合，讓完成目標的機率最大化。

重點回顧 ▶▶▶

① 注意緊急預備金的適當水位。

② 任何金融商品都有其功能與效益，但適不適合自己，端看自身的需求。用合理的預算買到符合需求的商品，才叫「精準」。

③ 定期檢視各項財務狀況，並隨時間推移調整投資組合。

第二章

以目標導向投資系統
打造人生藍圖

第一節　清晰完善的人生計畫，是投資成功的必要條件

追求更美好的生活是人類進步的原動力，然而要有更好的生活品質，人們第一個聯想到的就會是錢，因此在股市大好的前幾年，財務自由、「F.I.R.E.（經濟獨立、早早退休；Financial Independent and Retire Early 的縮寫）」等成為網路熱搜的關鍵字。

只是，花無百日好，股市的歷史教訓，也就是行情總在樂觀時破滅，再一次地重演。俄烏戰爭、通膨危機、聯準會緊縮貨幣政策等重拳連擊股市，大賺一票、提早退休的夢想又一一地幻滅。

回到現實，身為顧問的我們，常常被問到要如何投資才能安心賺大錢？我們知道，投資難度不在於金融商品的選擇，而是如何避免讓人性的本能替我們做決策，減少投資上的失誤，就能獲得相當程度的成果。

只是既然叫做本能，要避免就不是那麼容易，因此我們最主要的工作就是引導客戶去思考許多財務決策的一體兩面、決策的後果及後果的後果等，延緩使用本能與直覺的時機，就能大大提升決策的品質。

而一個決策的好壞，並不是顧問說了算，而是由我們自身的價值觀來決定的。舉例來說，有人會願意為了現在有較大的生活空間，購買較大的房子，即使因此必須延後幾年退休，也可以接受；相反地，也有人會為了想提早退休或是創業，在住房費用上精打細算。

畢竟，人一生的資源是有限的，儘管投資可以幫我們放大資源，但也有其極限，不可能無限制地放大，滿足我們所有的欲望。而每個人想過的生活又大不相同，就會影響到我們如何使用資源，如何進行投資。

因此，我們認為，制定一個清晰完善、專屬於自己的人生計畫，

從而設計出屬於自己的目標導向投資系統，才是投資能夠成功的首要條件。因為，有了清晰的計畫，讓我們知道目標是什麼，也清楚資源都已經做了最佳的運用，自然不容易受到影響。

理財規劃就是人生規劃

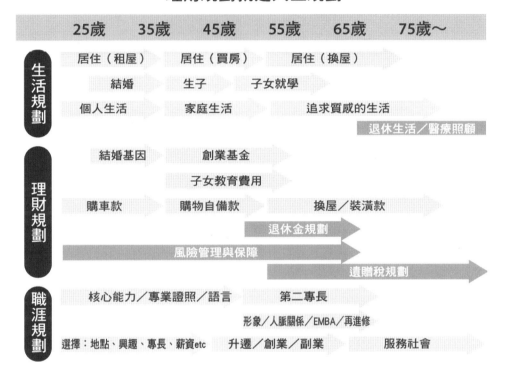

在第二章中，我們將先說明以下五個步驟，如何完整打造「目標導向投資系統」：

目標：設定人生財務目標時，應該要怎麼設？要注意什麼？

問題：人有哪些本能的反應？又會怎麼誤導我們的財務決策？

診斷：現有的財務管理模式，與財務目標之間是否有差距？

設計：如何重新打造以目標為導向的投資計畫？

執行：計畫完成，就好了嗎？如果不是，那還要做什麼呢？

透過「目標導向投資系統」，我們可以找到現在與未來的平衡、投資與生活的平衡。然而，這樣的平衡是一種動態平衡，就像我們騎單車一樣，除了要隨時注意路況調整方向與速度外，腳下的踏板也不能停下來，重複持續踩踏，才能夠持續前進。

　　「目標導向投資系統」也是一樣，上面的五個步驟流程不會只走過一次，就可以讓我們高枕無憂，而是要在狀況改變時，再重新執行流程，調整計畫，往目標持續邁進。

　　依照上面的五個步驟去制定、執行人生計畫，並且定期或不定期檢視計畫，才是完整的「目標導向投資系統」。儘管投資路上依然充滿危險，但我們可以找到一絲內心的平靜，按部就班完成計畫，取得一開始以為很少、但其實相當巨大的投資果實。

第二節　目標：為什麼要投資

　　投資雖然是達成人生計畫中很重要的一部分，但是不以投資來累積財富，可以嗎？其實也不是不行，如果我們的收入很高，或是從長輩身上接收很多資產，然後又非常節儉，確實也不是無法終老。

　　但是，這畢竟不是社會上多數人的樣貌，基於以下三個原因，足見投資是人生中不可或缺的風帆，能讓我們及時地、更輕鬆地航向目的地。

◤ 該投資的原因一：進入高齡化社會，從年輕預備美好銀髮生活

　　有聽過回到未來嗎？如果我們收到一封來自 30 年後的信，會希望信的內容像這樣嗎？

親愛的我：

　　最近過得好嗎？我剛從超商回來，現在年輕人不喜歡早起，所以店長可以讓我上 6 ～ 12 點的班，中午就可以回家休息了。

　　你猜猜，現在時薪是多少啊？你一定會嚇一跳，去年基本工資剛調漲，所以現在時薪是 328 元囉！不過啊，一個雞腿便當也要 250 元了，還好現在吃不多，不需要吃到那麼好～

　　之前身體實在不行了，所以只好退休，但是勞保勞退實在是……唉，幸好兩個孩子們孝順，每個月各給我們 2 萬元，勉強夠兩個老的生活了～

　　哎呀，我要去接孫子們下課了。孩子們每天都要加班到很晚啊，只能幫他們帶帶小孩！我就不多說了，再見！

2052 年 9 月 18 日

　　覺得不可能嗎？根據國家發展委員會的報告，臺灣在 2050 年的老

年人口比例將達到 36%。看看我們的鄰國日本，2020 年的老年人口比例大約是 30%，但更可怕的是這其中有大約 4 分之 1 的老年人口仍在工作。所以，還會覺得上面這幅情景離我們很遙遠嗎？

另外，由於社會觀念的改變，「養兒防老」的想法已經逐漸過時，如何在年輕時就為自己的老年生活做好安排，不要造成兒孫輩的負擔，過好自己滿意的生活，將是我們要面對的課題。

該投資的原因二：長期通膨，錢只會越來越薄

還記得二、三十年前的一個便當、一杯珍珠奶茶要多少錢嗎？現在呢？接著，能想像 30 年後又會是多少嗎？我們先來看下面這張圖，在 30 年、通貨膨脹率 2% 的情境下，現在價值 1,000,000 元的商品，經過 30 年後，需要 1,811,362 元才能買到。而如果通貨膨脹率是 3% 的話，甚至需要 2,427,262 元才能擁有。

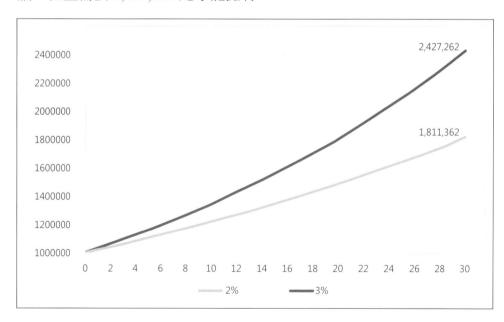

資料來源：作者提供。以下由作者提供的圖表資料，皆不另行註記資料來源，只有引用外界資訊的圖表才註明出處。

根據我國主計處的統計，30 年來的平均通膨率是 1.62％，2％的通貨膨脹率並不是太誇張。

我們來看一個簡單的例子，一對 35 歲的夫妻，20 年後希望幫孩子準備教育金，以現在的學費估計大約需要 3,000,000 元，而他們也希望 30 年後、也就是 65 歲退休時，每個月可以有相當於現在 50,000 元的生活水準，並且準備到 90 歲。

	現在的花費	通膨率 2％	通膨率 3％
教育費	3,000,000	4,457,842	5,418,333
25 年的退休金	15,000,000	31,529,461	45,802,562

所需要的教育金經過 20 年後，在 2％的通膨下，需要 4,457,842 元，3％的通膨下更是高達 5,418,333 元。至於退休金就更可怕了，即便只有 2％通膨，65 歲退休當年度就需要準備 984,364 元、相當於每個月 82,030 元的退休金，25 年退休生活合計需要花掉的金額是 31,529,461 元。若是通膨率來到 3％，退休總金額就需要 45,802,562 元。

我們常說複利的威力強大，是世界的第八大奇蹟，但是水能載舟，亦能覆舟，長期通膨在複利的緩慢累積下，也是相當致命，所以在規劃和估算這些長期目標時，絕對不能不考慮通膨的影響。

該投資的原因三：創造更多餘裕，避免「別無選擇」的人生

也許你會說，「如果我的收入夠高，而我本身的物欲又相當低，即使我都把錢放在定存裡，也是可以完成安心退休的，對吧？」是的，確實是有這樣的可能。但我們想想，若是能夠讓這些資金做更有效的運用，是不是可以讓我們有更多的人生選項？

例如：如果孩子有一天跟我們說，想要像奧運國手一樣為國爭光，然而栽培一位專業運動員，即使表現出色有國家的資源補助，從小到大所需要的花費，也很有可能比出國留學的金額來得更高。此時若有更多的資源，是不是就可以安心的栽培孩子呢？

又或者，如果知道自己有能力，是不是可以安排更早退休，然後從事一份自己喜歡、甚至願意終身投入的工作，而不需要擔心收入呢？

另外，人生中總是有許多風險，甚至有些風險無法完全透過保險公司來轉嫁。比方說孩子不小心弄傷了同學，或是弄壞了店家的高價展示品，又或者中年因為身體狀況被迫退休，若遇到這些突發狀況，是否一樣可以活出精彩的人生？這些都是需要有足夠的財務資源來支撐，但如果沒有，就可能別無選擇。

正確投資可以助我們一臂之力

下表是 1802 年以來的各項金融資產實質報酬率。實質的意思就是已經扣除掉通膨的影響，換句話說，這兩百年來股票這項資產類別平均比通膨多了 6.9％的報酬率，也就是說，如果長期通貨膨脹率平均為 2％的話，那麼股票的名目報酬率平均會來到 8.9％。

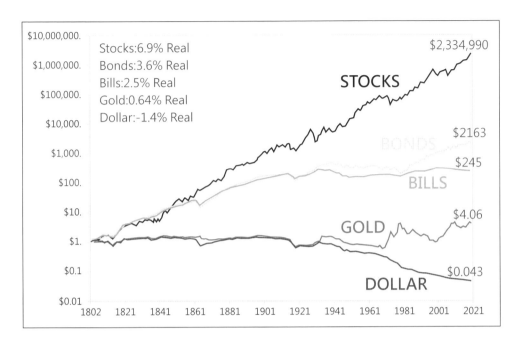

圖中文字：
Stocks:6.9% Real
Bonds:3.6% Real
Bills:2.5% Real
Gold:0.64% Real
Dollar:-1.4% Real

STOCKS $2,334,990
BONDS $2163
BILLS $245
GOLD $4.06
DOLLAR $0.043

註：Stocks：股票；Bonds：債券；Bills：國庫券；Gold：黃金；Dollar：美元。

資料來源：Jeremy Siegel Total Real Return Indexes 2021

　　我們以前面那對 35 歲的夫妻為例，若希望 30 年後每月可以有相當於現在 50,000 元的生活水平，在 2％的通膨下，退休當年度大約需要 82,030 元。那麼現在需要投資多少錢準備這筆退休金呢？下表呈現了投資報酬率分別為 6％、2％、1％的結果：

投資報酬率	6％	2％	1％
每月投資金額	14,282	50,000	60,860

　　在 6％的報酬率下，現在僅需每月投資 14,282 元，但是在 2％、1％的報酬率下，就分別需要每月投資 50,000 元、60,860 元。對於 35 歲夫妻來說，可能同時正負擔著房貸、養育孩子的費用，但若選擇錯誤的投資方式，可能會讓安心退休的目標變得遙不可及，最終只能選擇延後退休。

前面的例子可以看到，若是我們能夠拿到符合市場預期的報酬率，那麼完成目標的難度就大幅地降低了。但是這樣的結論看似簡單，為何大多數人仍然做不到、仍為了投資的結果不如預期而苦惱呢？我們將在下一節做更詳細的探討。

此外剛剛的例子較為簡化，但是在人生的計畫當中還有許多我們無法完全掌握的變動，例如當薪資成長率高於原先預期時，可以怎麼做呢？如果不如預期，又該如何調整？此外人生的財務計畫，也可能因為人生經驗不同而有所變動，像是原本不想生小孩後來卻生了雙胞胎，又或者原本只想生兩個孩子，卻懷了第三胎等等。同時考量許多因素將會大大的增加擬定計畫和執行的複雜性，所以我們還需要考慮哪些呢？這些都會在第三節至第五節有更詳細的說明。

每個人對於未來的想像，雖然大致不離結婚、生子、買房、孩子教育金、安心退休等目標，但是目標的內容、優先順序等等都不盡相同。不論是哪一種，我們都要善加利用投資複利的力量，精準地將財務資源投入到人生規劃中，結果就可能大不相同。

◗ 我的財務目標是什麼

每個人的目標都不一樣，但都應該要盡早開始準備。

還記得本章一開始，那封來自未來的信嗎？如果從現在就開始規劃人生做好準備，那一封信的內容將截然不同……

親愛的我：

　　最近過得好嗎？前兩天剛結束了為期兩週的海外避暑假期，對於臺灣的炎熱氣候還是不太適應。說起來，還是要跟你說聲謝謝，畢竟每年度假的費用，都是你支付的呢！

　　我們一直沒有搬家，退休前花了點錢裝潢，打造一個適合養老的環境，幸好不用貸款，不然如果勞保年金又再改革的話，壓力會挺大的！

話説孩子們研究所畢業後，都有不錯的工作，現在也都結婚生子了，不過現在年輕人的生活壓力更大了，至少我們不用跟他們拿錢，造成多餘的負擔。

　　哎呀，我們要去找孫子們玩了，好想他們啊，他們也好期待帶回來的禮物！我就不多說了。祝你好運！

2052 年 9 月 18 日

重點回顧 ▶▶▶

① 社會觀念的演變，我們要開始及早為未來做好準備。

② 考量長期目標，不能忽略通貨膨脹的影響。

③ 做好投資，不只能夠抵抗通膨，更能讓我們在完成財務目標的路上，事半功倍。

第三節　問題：為何投資常常沒有好結果

在我們設定目標之後，會開始面臨到執行上的各種狀況。許多問題接踵而來，這時的關鍵不是撲滅每一個竄出來的問題火苗，因為這會讓我們可能把時間、精力浪費在錯誤的問題上。因此，要先對這件事情有所認識，才有可能重新定義解決問題的決策，畢竟我們在意的其實不是解決每一個問題，而是可不可以達成目標。

投資結果常不如預期

我們是不是常常在投資上遇到一些狀況，信心滿滿的投入後，在持有的過程中，無論持有時間長或短，總會發生各種事情來阻撓我們，讓自己懷疑人生，覺得自己是反指標，怎麼買了就跌、賣了就漲？

覺得○○公司今年賺得特別多，應該股價要一飛沖天，怎麼買入後股價開始走下坡。

XX 公司產品熱銷，應該會反映在公司股價上面，買入後股價卻不漲反跌。

QQ 公司強勢上市 IPO（註 1），以往沒有機會參與投資，想趁著這次機會買入好公司的股票，結果買完後股價卻一直下跌。

存了一筆買房的頭期款，感覺在銀行利息很少，聽說現在買股票很賺錢，打算買房前讓錢多增值一點，結果房子都要買了，頭期款還在股票內沒有解套（註 2）。

上述這些事情一直在我們周遭發生，甚至容易讓我們產生誤會，以為「投資」是一種很危險的行為。但問題其實不是投資很危險，而是我們常常搞不清楚狀況，甚至誤以為自己的判斷很有道理，導致結果跟自己想的不一樣。**畢竟沒有人會去做自己覺得不好的事，往往是以為正確而去做，後來才發現大錯特錯。**

為什麼投資結果會跟你想的不一樣

沒有想清楚投資標的及為何投資

　　投資的過程不是一帆風順的，各種投資方式和標的也都不相同，如果沒有清楚在做什麼和自己為了什麼而投資，很可能在價格波動的時候心裡承受不住，而無法堅持原本的決定，事後才來後悔·就已經來不及了。

　　從第 51 頁圖中可以看到，各種資產類別從西元 1802 ～ 2021 年的成長性，圖中統計了不同類型的資產類別，美國股票（Stocks）、長期公債（Bonds）、短期國庫券（Bills）（註 3）、黃金（Gold）、美元（Dollar），並以扣掉通貨膨脹（註 4）的年化報酬率（註 5）去呈現。長期來說投資股票的報酬率最好，但過程也最曲折（註 6）；持有現金看似報酬率最平穩，但會默默的被通貨膨脹吃掉。

　　在了解圖的說明狀況下，我們可以用三種情境來思考：

　　（1）投資需要考量上下起伏的波動因素：隨著投資時間越長，投資股票的報酬越高且效益高於其他資產類別，但如果沒考量到股票上下起伏的幅度比較大，起伏的時間比較長等因素，很可能做出自己無法承擔後果的的決定。例如拿明年買房的頭期款來買股票、現在入不敷出想要買股票賭一把。

　　（2）投資需要考量通貨膨脹因素：以為持有現金比較安全，但持有越久，後來才發現手上的現金居然慢慢地貶值，現在手上的 1 千塊沒有 20 年前的 1 千塊好用。

　　（3）投資需要考量現在的財務狀況與未來的目標：知道自己的財務狀況，了解自己想要的目標，會比較清楚現在做的投資風險是什麼，或者不做什麼投資的風險是什麼。我們可以思考借錢買股票的風險是什麼？投資目標是為了退休的話，是否就比較不會受到短期價格變化影響，而把眼光看得比較遠？

沒有考慮自己可能承擔的風險

我們剛開始接觸投資市場時，很容易太過在意報酬率。但其實應該重視的是「風險報酬率」，也就是考量冒著什麼風險的情況下取得的報酬。**我們不要冒著賣白粉的風險，去賺取賣白米的報酬。**投資是在風險與報酬率之間，取得一個平衡，再選擇自己可以承擔的模式。在這樣的思考下，在每一次做決定前，都需要想著這個決定萬一發生不如預期的情況時，是否可以承擔這樣的結果。例如都已經入不敷出的情況下，還借錢去投資股票。

投資是方法論而非結果論

巴菲特說：「投資不是一種致富的簡單途徑，投資簡單，但是不容易。」需要有執行的策略方法跟紀律的維持，但如果單純以結果區分好壞，就可能發現「站在風頭上，連豬也會飛的現象」，但實際上不是結果好，就表示決策正確，而是需要考量決策與結果間的關係。

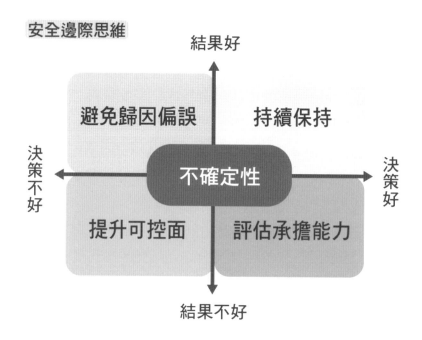

結果好但決策不好：我們需要理解結果的好壞，不是因為自己做了很好的決策，而應該要歸因於運氣，如果對這個過程有錯誤認知，以後很可能繼續使用錯誤的方式，最終嘗到很大的苦頭。

　　結果好決策也好：我們理解好結果也是因為有好的決策的關係，那在我們可控的決策層面，能否繼續保持跟檢視。

　　結果不好決策也不好：如果我們發現決策跟結果都不好，需要理解我們無法改變運氣層面，但可以改善自己可以控制的行為與決策，想辦法優化決策層面。

　　結果不好但決策好：我們需要評估即便可控的決策都控制得很好了，但結果肯定伴隨運氣成分，萬一運氣不好時，得到的結果我們能否承擔，也不因為結果不好而否定了決策。

 ## 人類本能不利於我們做投資

　　在人們本能的驅使下，我們很容易在意短期結果，而忽略長期的影響，這也是因為時間越長越難客觀評估。尤其每天看到市場反應不是漲就是跌，但我們的本能其實對虧錢的反應比賺錢強烈，自然就容易做出虧錢的決策。美國專業投資機構「DALBAR」，從西元 1994 年起專門研究「投資者行為量化分析」（註 7），發現人容易受本能影響作出決策，但不斷做出決策來買進賣出的效益，還低於買進後持續持有的結果。因為某些原因迫使我們想做出決策，反而是我們虧錢的主因。

 ## 我們常有的本能對行為的影響

　　人類的本能主要是為了生存，所以我們很容易受當下事情影響而做出反應，這些行為非常不利於投資，而我們比較常見的本能反應主要有以下 8 種：

歸因偏誤

　　人類的本能為了生存需求，其實是比較樂觀的，所以我們很難客觀衡量事情，容易產生高估自己的判斷、高估自己能力帶來的影響。也很容易誤判結果好壞的原因，常把好結果歸因於自己的能力；不好的結果歸因於運氣或他人。例如當我們開始投資時，如果得到一個好結果，很容易歸因到自己的因素，覺得自己很會選股，或者慶幸自己很厲害找到好方法。但如果結果不好時，不會說自己怎麼這麼差勁亂買股票，而是會怪罪方法很爛、股票本來就很爛、推薦的人很差勁。

選擇支持偏誤

　　當人們做出選擇的時候，會傾向於對這個選擇結果有一致性，會關注及強化這個選擇的優點、忽視缺點；對自己沒有選擇的選項，卻會強化缺點而忽視優點。例如本來沒買股票時，不太會關注投資或相關軟體，可是當自己開始買了以後，就開始比較常關注，也開始留意周邊相關的好消息，而忽略壞消息。

從眾效應

　　人們的生存本能會對多數人在做的事感到安心，因為與眾不同的選擇，可能會面臨其他人也不知道的未知，而危及性命。這會影響到我們不想跟別人不一樣，但要注意的是，現在我們的生活不只是為了活下去而已。但這個本能仍然深植我們心中，例如當大家一窩蜂都在說某檔股票很好的時候，你也會很想要加入一起買，心裡會本能地覺得跟大家做一樣的事情，是一件有安全感的事。

權威理論

　　服從權威也是一件有利於生存的事，無論是對內的管理和對外的抗爭。即便我們現在不是只為了生存而活，仍然保留了這個本能。在投資上這件事情也不例外，我們總是像尋求浮木一般，想要找個專家

跟大師，相信他們可以給我們投資上的明燈，但最終結果往往事與願違，大師與專家賺到了你的錢，但你有賺到該賺的嗎？

錨定效應

我們對有特殊原因或印象的事件，即便不記得了，都可能在潛意識影響著我們。而這些特殊原因或事件，我們會拿來作為後續比較衡量的標準。例如我們買入股票的價錢，就會成為定錨的錨點，比它高就覺得貴，比它低就覺得便宜。即便已經沒有再持有了，還是忍不住會受這個錨點影響。我們可以想想自己在什麼價格買入台積電的股票，還記得自己的反應嗎？

厭惡後悔

人有維持一致性的本能，我們會不想否定自己之前做出的行為，甚至會把這些行為合理化，讓自己覺得合乎一致性，而有不願承認過去錯誤的傾向。在投資上也會如此，當買入股票後，如果價格下跌，就會不斷去找可能會好的消息或理由，而不願意面對虧損的可能。

問題掉包

親友的推薦，或者親友自己有執行的行為，會讓我們連結到這件事情可以嘗試，因為感覺上會比較踏實，而把複雜的判斷由簡單的方式決定。例如好朋友推薦的股票，有好幾個朋友都覺得不錯，就可能產生一種心理狀態，好朋友推薦很多人覺得不錯的股票，那應該可以買吧！而把應該自己分析判斷的問題，掉包成好朋友推薦好東西。

隧道效應

因為人們對當下發生的事情感受最強烈，無法客觀衡量過去跟未來。因此當我們在急迫狀況，需要快速下決定時，其實很難思考其他面向的事情，當做完決定冷靜下來後，或許才覺得自己當初怎麼這樣做。好比如果我們投資經驗是常常需要盯盤的，有沒有印象自己很容

易做出衝動的行為，事後回想起來都覺得自己怎麼會幹這件蠢事呢？

如何別讓本能支配的方法

提醒自己的 5 個原則

（1）本能無法避免，要接納自己有這種本能，才能嘗試改變行為。

（2）想做決定時，先不急著做出決定。

（3）想做決定時，想著自己在想什麼，並思考為什麼這樣想。

（4）有沒有什麼事情會否定自己，有沒有思考事情的一體兩面。

（5）理解好結果都有伴隨運氣成分，避免歸因偏誤。

做決策的標準是來自於目標跟計畫

人在面對未來時，有 3 個比較難以應對的狀態，這也是本能容易主導我們的原因：

（1）總是無法清晰理解自己想要的是什麼。

（2）難以衡量未來與現在目標的優先順序。

（3）遇到變故我們不知道如何去調整。

這時我們可以藉由量化目標來思索金錢的配置，做出一個完整的計畫，考量自己的生活費、緊急預備金、儲蓄準備、投資準備，依自己的目標及價值觀設計出金額，有沒有可能達成。在思考的過程當中，會更清楚自己想要的到底是什麼，遇到意外變故會知道調整的標準，要設定什麼投資策略、投資金額多少能達標。讓自己的人生貼近自己想要的生活方式，不再流於本能的隨興決定。

重點回顧 ▶▶▶

① 要解決的問題，需要先重新定義，不需要急迫的處理。

② 理解投資的影響與風險。

③ 理解投資是方法論而非結果論。

④ 理解本能對我們投資行為的影響，並檢視過往的行為。

⑤ 學習別讓本能支配的方法。

附註

1. IPO 的意思是，首次公開募股（initial public offering）的縮寫，意思是公司首次對外公開發行股份，將公司由私人性質變成上市或上櫃公司。

2. 解套的意思是，投資人買入股票後，在持有時卻發生股價下跌的情況，如果以現價賣出會產生虧損。這時通常會希望等到股價漲上來，等高於買入價時賣出的話，起碼不會變成虧損的狀態。

3. 國庫券，是指政府為了平衡財政而使用的政府債券。政府承諾於國庫券到期日支付一定金額，通常到期期限為 1 年以內，在金融市場上是風險最小的信用工具。

4. 通貨膨脹，是指在一段時間內物價上漲，或是貨幣的購買力下降的現象。

5. 年化報酬率，是指因為每種投資標的每年的報酬率並不是固定的，所以將一段期間的投資報酬，平攤到每年的方式呈現，同時如果有利息產生的狀態，也一併繼續投資計算進去，所以也有複利報酬率的概念。例如 100 塊投資 10 年變成了 200 塊，年化報酬率是 7.18％，而不是 10 年賺了 100％，以為是每年 10％的認知。

6. 圖中看起來不夠曲折的原因在於，圖表的呈現是對數成長，縱軸每個數字都是之前數字的 10 倍，因此實際上的斜率是更大的。同時我們也可以思考 2008 那年即便在圖中的幅度也不大，但實際狀況是否慘烈呢？

7. 投資者行為量化分析（Quantitative Analysis of Investor Behavior，簡稱「QAIB」），是指將不同類型的投資者依據不同期間，分析因投資者決策而產生什麼影響及差異。

第四節　診斷：現有的投資模式能否達成目標

如同我們去看醫生一樣，要先做完整的健康檢查後，再依據出爐的報告進行診斷，才會知道真正的病灶出在哪裡，接著才是決定治療的方式，是吃藥就好，還是需要開刀？術後又要搭配什麼樣的復健或飲食控制？

投資也是一樣，貿然地直接選擇投資工具，可能與我們的財務目標不相符，結果可能也不如期待。

「診斷」就是讓我們知道財務上真正的病灶在哪裡，而且是可以將嚴重程度量化出來。簡而言之，我們都知道自己錢不夠，但是接下來更重要的問題是：**到底多少才夠？**

診斷的過程，就是讓我們一步步釐清自己的價值觀，慢慢畫出一條「多少才夠」的界線，也清楚知道現在距離這條線還有多遠、剩下多少時間可以達到這條界線，接著才能擬訂出如何達到這條線的具體計畫。

如何診斷

要診斷一個理財計畫或投資計畫是否能完成目標，應該包括：

1. 明確目標：我的財務目標有哪些？

2. 收入資訊：我的錢怎麼來？

3. 支出預算：錢怎麼用？

4. 資產管理：錢怎麼長大？

5. 意外準備：突然要用錢時怎麼辦？

以下以一對年輕夫妻的狀況來舉例。

明確目標：我的財務目標有哪些？

設定具體的財務目標，要包括具體的時間、金額，最後還要考慮通膨的因素。目標的金額用現在購買所需的價格設定即可，只要再加入適當的通貨膨脹率去估算。例如，5 年後想買一台「現在」價格 100 萬元的車，期間的通貨膨脹率以 2% 計算，所需的花費就是：

$$100 萬 \times (1 + 2\%)^5 = 110.4 萬$$

設定目標時，最難的是要確保與自己的價值觀一致，如果是夫妻的話，可能還要尋找彼此的平衡點。舉例來說，先生覺得房子預算要買到 1,000 萬元，但是太太可能覺得 700 萬元就好，價值觀不同很正常，但要如何找到平衡點、雙方取得共識，才是重要的關鍵。

設定好目標後，也要常常問自己：這個目標是否有其他替代的方式？如果達不成，我會怎麼辦？考量所有目標與資源後，這是非達成不可的目標嗎？

收入資訊：我的錢怎麼來？

如果收入來自於薪資，那麼一直到退休前，我的薪資成長幅度會是多少？我是否願意晉升更高的職位，以換來更高的薪水？對於職涯初期的年輕人來說，也可以透過這樣的方式，為自己設定每年應有的目標薪資。

除了薪資外，還有勞保、勞退等退休金，公務人員也有退休俸，預計幾歲會開始領，每月又會領多少？

對於創業的人來說，也同樣適用。估計好營收與淨利，讓自己可以靠著創業完成照顧家庭與老年生活的目標。

支出預算：錢怎麼用？

除了日常生活花費外，固定要繳納的勞、健保費、商業保險費、稅等，也要一併估算，才能知道自己真正可支配的所得有多少。這些

費用都是要保留下來，等到有一天我們不再有收入時要支出的。

資產管理：錢怎麼長大？

有明確的財務目標及現金流量後，依據現有的投資方式，估算長期投資報酬，可以知道每年存下來的錢將以如何的速度成長，作為老年退休時花用。

意外準備：突然要用錢時怎麼辦？

人生不會總是如我們所預期，但如果碰上突如其來的大筆花費，手邊卻沒有現金支應，該怎麼辦？如果是可以轉嫁給保險公司的風險，那麼我的保障額度夠嗎？如果是不可轉嫁的風險，我有足夠的財務資源可以支應嗎？

 # 生涯資產模擬：量化問題程度

有了上面這些資訊後，可以詳細估算每年的結餘，同時將累積的結餘開始進行投資後，可以得到如下圖的生涯資產模擬圖。

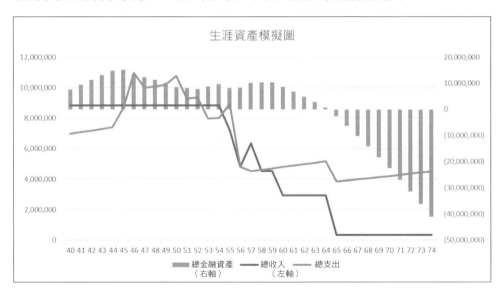

上圖是一對年約 40 歲的夫妻，希望能分別在 55、65 歲時退休，期間還有換車、子女高等教育基金等財務目標。目前的投資方式較為保守，所以估計的投資報酬率為 2%。

從結果來看，他們的總金融資產會在 65 歲時耗盡，所以他們不用等到 55 歲時才赫然發現，原來無法順利退休。若是依照原有模式繼續下去，屆時不是選擇繼續工作，就是選擇降低退休的生活品質。

我們擔憂的問題確實存在，而且是可以被具體量化出來的！

而有了這樣的資訊，我們會開始分析，究竟是哪裡出了問題？是生活支出過高，將錢不小心花掉了嗎？是保費支出太高嗎？是對未來的財務目標有太高的期待嗎？還是有些目標晚點完成會比較好？

透過生涯資產模擬圖，可以將問題或是不安的程度具體量化出來，否則忽視或是無限放大不安的結果，都會對我們的決策造成重大影響，比如：

1. 因為害怕錢不夠，拚命賺、用力省，錯失了孩子的陪伴黃金期，也損害了家庭生活品質。

2. 鋌而走險，做了過多高風險的投資，或是被高報酬低風險的話術所誤，投資報酬不如預期，甚至血本無歸。

3. 不知道財務缺口有多大，做了過於保守的投資決策，發現後為時已晚。

投資不是萬靈丹

延續前面的例子，我們可能會想到：那麼，如果投資報酬率提高一點，是不是就可以達成目標了呢？

於是，我們想要開始尋找高報酬率的理財商品，在每天上班已經相當勞累的情況下，還要試著做足功課、更要承受投資市場上下的波

動，擔心自己無法有足夠的退休金。這一切可能都讓自己身心俱疲，卻仍然沒有一個安心的解方。

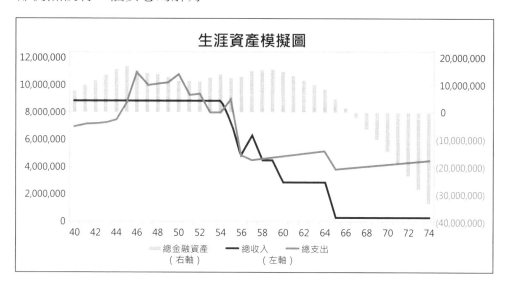

上述的「生涯資產模擬圖」中，將投資報酬率調高至退休前6%、退休後3%。從圖中發現即使調高資產報酬率後，金融資產也會在67歲時消耗殆盡。顯然，光是做好投資，是沒有辦法解決問題的。為什麼呢？

因為在45歲到52歲的期間，為了因應子女高等教育基金的支出，年度的結餘開始轉為負數，雖然53歲起又可以開始累積退休金，但是為時已晚。

因為投資複利要發揮效果，最需要的是時間。在還沒有足夠時間讓複利發揮威力的情況下，45歲就開始提領投資，所以即使調高投資報酬率，也對整體財務規劃無濟於事。

以上面的案例來說，要有效改善資產累積的速度，就要先解決45歲到52歲的負現金流問題。可以透過提高收入、減少生活支出、調降孩子教育金的金額，才是最有效的方法，不然就得延後退休的年齡。

至於怎麼選擇，端看夫妻倆對於財務目標，也就是孩子教育金及退休年齡的重視程度，此時需要磨合的就是兩人的價值觀，從中找到共識。

　　「診斷」是將問題嚴重程度具體量化，不是評判個人的生活方式。

　　舉例來說，好的醫師診斷病患的血壓過高時，會提出具體的檢驗數據，告訴我們原因是來自於攝取了太多油脂，也會明白告訴我們事情的嚴重程度會是如何。但好的醫生不會去批評，我們生活怎麼這麼沒有紀律，身體都這麼糟了，飲食還不忌口。

　　因為，健康是自己的責任，若覺得醫生所說的後果是自己無法接受的，那麼之後自然會配合醫生所開出的診療清單。

　　財務診斷的過程也是一樣。透過具體數據化的方式，讓顧問得以判斷是什麼樣的病灶，造成現在或是未來的財務問題，從而有提出解決方案的機會，而不是像無頭蒼蠅一樣到處摸索，卻找不到有效解決的方法。

　　以為理財就是尋找提高報酬率的工具，正是人們理財時最大的盲點！在不清楚需要多少報酬率、各種投資工具背後隱含的風險，甚至誤以為投資是完成財務目標的萬靈丹時，最後帶來的往往是對投資結果的失落，以及過程中的不安定感。

重點回顧 ▶▶▶

① 要診斷一個理財計畫或投資計畫：應該包括明確目標、收入資訊、支出預算、資產管理、意外準備。

② 財務診斷可以量化心中不安定的程度，避免造成錯誤的財務決策。

③ 投資不是萬靈丹，先透過財務診斷找出真正的理財病灶，才能有效解決財務上的問題，確保財務資源都用在最有效益的地方。

第五節　設計：重新建立投資計畫

我們已經知道，靠著本能或感覺去做投資與財務決定，很可能結果不如人意，那該怎麼設計自己的計畫呢？建構「以目標管理為導向的投資計畫」，可以幫助我們在執行過程有標準來調整，知道為了什麼原因而執行，也能更安心的面對投資過程。

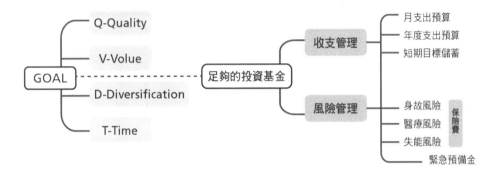

1. 先確定我們有哪些目標要達成？

2. 考量想達成目標的時間點與預算？

3. 依「QVDT」原則選擇投資方式。

4. 目前財務狀況能否有足夠投資資金？

5. 依我們的價值觀來決定，如何調整財務狀況達成目標。

6. 如果目標改變或意外發生，知道如何調整來應對。

投資哲學：QVDT 架構打造投資組合

為了達成我們的目標，投資管理是不可或缺的部分。而如何管理並打造投資組合呢？我們認為需要遵循「QVDT 的投資架構」，篩選並透過調整「QVDT」的比例，執行最適合自己且能達成目標的組合。那什麼是「QVDT 的投資架構」呢？

Q（Quality）：良好的品質

　　「Q」的條件是在選擇投資方式或標的時，需要有辦法做出篩選，選出適合我們選擇的選項，在前提上至少需要具備 2 個條件：

　　（1）**在配合目標達成的前提下，資產能夠持續增長**：由於要達成我們想要的目標，投資方式和標的都必須能讓資產持續成長到目標完成。在這個前提下，炒作、資金盤、太投機的操作就會先排除掉。

　　（2）**具有可複製性，即每位執行者都可複製並實踐的**：投資是「方法論」而不僅僅是「結果論」而已；也就是說，單純的投資結果好，但其他人都無法做到的時候，這種方式就沒有意義，甚至其實方式的運氣成分比重太高，卻誤以為這種投資方法可以複製，未來某一天可能就會翻船而翻不了身。因此，在選擇方式和標的時，需要考量到策略、紀律、執行、心理層面、檢視等，這些都是執行者可以做到的事。

V（Value）：合理的價格

投資的本質是投入現在的資產，換取未來增長後的資產。因此萬一現在投入資產價格過高，對未來可能就是一件不利的事，所以我們需要考慮 2 個條件：

（1）**外在的價格**：我們買入時需要花費多少，外在的價格有受到什麼因素影響？

（2）**內在的價值**：有沒有辦法評估，讓自己大致認定投資標的值多少？自己願意花多少資金投入？

如果外在價格和內在價值有辦法衡量，我們有自己判斷的標準的話，也更有機會賺到投資標的未來的成長，報酬也有可能更高。

D（Diversification）：充分的分散

投資本質上是有風險的，但如果什麼風險都想要規避，並無法達到我們想要的報酬與目標。我們需要考量在面對未知的風險下，確保自己能夠承擔得起風險而去追求報酬，而不是追求賣白米的報酬卻承擔賣白粉的風險，因為只要遇到一次太大的危機就可能翻不了身。這時如果做好投資組合的分散，因為組合中的標的相關程度不同，同樣的原因就會有不同程度的影響，不至於在特殊事件發生時，擁有的標的全都大跌。也就是說，這麼做可以平衡承擔的風險與獲得的報酬之間的關係，不讓自己冒著無法承擔的風險。

為什麼需要考量分散呢？從下圖中，可以看到不同的投資標的 15 年來的長期累積報酬率及每年報酬率的變化。我們可以理解，不同的投資標的都有自己的長期報酬率及上下波動。假如我們從大型股中選出蘋果公司的話，它的波動會高得多，結果獲利也更高，但當初如果選的不是蘋果呢？會不會倒閉？或者投資達不到預期？

下圖正好說明控制風險帶來的影響。圖中深淺不一顏色的方格，代表不同的投資資產類別。從此圖中，會發現找不到每年都贏的大贏家，而是都有不同的高低起伏，譬如 2007 年的大贏家是新興市場的股票，當年持有報酬率是 39.8％，但隔年的輸家也是新興市場股票，2008 當年持有報酬率是 -53.2％。這種大起大落，會影響自身的財務狀況和投資的心理狀況。而圖中的 AA，將其他顏色的資產類別去做出一個搭配，依投資比例組成投資組合，就會看到波動會比較平緩，但相對來說，長期報酬率也會下降。

Asset Class Returns

2007	2008	2009	2010	2011	2012	2013	2014	2015	2016	2017	2018	2019	2020	2021	Total
EM 39.8%	HG Bnd 7.0%	EM 79.0%	REIT 28.0%	REIT 8.3%	REIT 19.7%	Sm Cap 38.8%	REIT 28.0%	REIT 2.8%	Sm Cap 21.3%	EM 37.8%	Cash 1.8%	Lg Cap 31.5%	Sm Cap 20.0%	REIT 41.3%	Lg Cap 356.8%
Int,l Stk 11.6%	Cash 1.7%	HY Bnd 57.5%	Sm Cap 26.9%	HG Bnd 7.8%	EM 18.6%	Lg Cap 32.4%	Lg Cap 13.7%	Lg Cap 1.4%	HY Bnd 17.5%	Int,l Stk 25.6%	HG Bnd 0.0%	REIT 28.7%	EM 18.7%	Lg Cap 28.7%	Sm Cap 249.1%
AA 7.6%	AA -22.4%	Int,l Stk 32.5%	EM 19.2%	HY Bnd 4.4%	Int,l Stk 17.9%	Int,l Stk 23.3%	AA 6.9%	HG Bnd 0.6%	Lg Cap 12.0%	Lg Cap 21.8%	HY Bnd -2.3%	Sm Cap 25.5%	Lg Cap 18.4%	Sm Cap 14.8%	REIT 194.8%
HG Bnd 7.0%	HY Bnd -26.4%	REIT 28.0%	HY Bnd 15.2%	Lg Cap 2.1%	Sm Cap 16.4%	AA 11.5%	HG Bnd 6.0%	Cash 0.0%	EM 11.6%	Sm Cap 14.7%	REIT -4.0%	Int,l Stk 22.7%	AA 9..8%	In 9t,l Stk 11.8%	HY Bnd 173.1%
Lg Cap 5.5%	Sm Cap -33.8%	Sm Cap 27.2%	Lg Cap 15.1%	AA 0.3%	Lg Cap 16.0%	HY Bnd 7.4%	Sm Cap 4.9%	Int,l Stk -0.4%	REIT 8.6%	AA 14.6%	Lg Cap -4.4%	AA 18.9%	Int,l Stk 8.3%	AA 10.9%	AA 153.4%
Cash 4.4%	Lg Cap -37.0%	Lg Cap 26.5%	AA 13.5%	Cash 0.1%	HY Bnd 15.6%	REIT 2.9%	HY Bnd 2.5%	AA -1.3%	AA 7.2%	REIT 8.7%	AA -5.6%	EM 18.9%	HY Bnd 7.5%	HY Bnd 5.4%	EM 102.1%
HY Bnd 2.2%	REIT -37.7%	AA 24.6%	Int,l Stk 8.2%	Sm Cap -4.2%	AA 12.2%	Cash 0.1%	Cash 0.0%	Sm Cap -4.4%	HG Bnd 2.7%	HY Bnd 7.5%	Sm Cap -11.0%	HY Bnd 14.4%	HG Bnd 6.1%	Cash 0.0%	Int,l Stk 82.4%
Sm Cap -1.6%	Int,l Stk -43.1%	HG Bnd 5.9%	HG Bnd 6.5%	Int,l Stk -11.7%	HG Bnd 4.2%	HG Bnd -2.0%	EM -1.8%	HY Bnd -4.6%	Int,l Stk 1.5%	HG Bnd 3.5%	Int,l Stk -13.4%	HG Bnd 8.7%	Cash 0.6%	HG Bnd -1.5%	HG Bnd 82.4%
REIT -15.7%	EM -53.2%	Cash 0.1%	Cash 0.1%	EM -18.2%	Cash 0.1%	EM -2.3%	Int,l Stk -4.5%	EM -14.6%	Cash 0.3%	Cash 0.8%	EM -14.3%	Cash 2.2%	REIT -5.1%	EM -2.2%	Cash 12.9%

資料來源：Novel Investor

但如果我們清楚目標達成需要多少資金，就可以考量如何分散風險賺取多少報酬，再選擇分散的方式及效益，而不讓自己在某一年的投資翻船或長期投資無法達成目標。

T（Time）：足夠的時間

「T」的時間因素是為了達成目標很重要的條件，我們可以看下圖顯示的差異。如果投資 100,000 元，不同時間及報酬率結果如何呢？

Abbr.	Asset Class-Index	Annual	Best	Worst
Lg Cap	Large Cap Stocks-S&P 500 Index	10.66%	32.4%	-37.0%
Sm Cap	Small Cap Stocks-Russel 2000 Index	8.69%	38.8%	-33.8%
Int,l Stk	International Developed Stocks-MSCI EAFE Index	4.09%	32.5%	-43.1%
EM	EM Stocks-MSCI Emerging Markets Index	4.80%	79.0%	-53.2%
REIT	REITs-FTSE NAREIT All Equity Index	7.47%	41.3%	-37.7%
HG Bnd	High Grade Bonds-Bloomberg Barclays U.S. Agg Index	3.99%	8.7%	-2.0%
HY Bnd	High Yield Bonds-ICE BofA US High Yield Index	7.02%	57.5%	-26.4%
Cash	Cash-S&P U.S. Treasury Bill 0-3 Mth Index	0.81%	4.4%	0.0%
AA	Asset Allocation Portfolio*	6.66%	24.6%	-22.4%

資料來源：Novel Investor（註 1）

年化報酬率／時間	5 年	10 年	15 年	20 年	25 年
1%	105,101	110,462	116,096	122,019	128,243
3%	115,927	134,392	155,797	180,611	209,378
5%	127,628	162,889	207,893	265,330	338,635
7%	140,255	196,715	275,903	386,968	542,743

因為時間的因素，在投資上可以發現兩個有利條件：

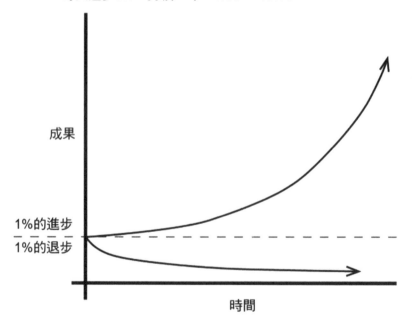

每天進步1%

每天退步1%，持續一年：$0.99^{365} = 0.03$
每天進步1%，持續一年：$1.01^{365} = 37.78$

成果

1%的進步

1%的退步

時間

資料來源：《原子習慣》，詹姆斯·克利爾

（1）參與投資的時間越長，就可以越省力，早期開始投資效益高於越晚開始投資。

（2）參與投資的時間越長，即便投資波動比較大的標的，也可以

在考慮時間因素下，讓自己承擔得起風險。越晚需要實現的目標，如退休，就可以考慮將投資股票的比重增加。

時間因素就像暢銷書《原子習慣》提到的一樣，每天一點點的持續進步，或一點點的持續退步，都會隨著時間放大效果。

QVDT 綜合考量

「QVDT 的投資架構」必須綜合考量，只要是在考慮目標達成的實際情況下，有可能「QVDT」四個條件比例會不同，這部分會在第三章提及的投資管理的細節中，加以說明。

 ## 確保投資資金的累積符合目標達成

在運用投資達成目標的過程中，有一個很重要的關鍵，**我們需要保持能持續投資的能力**。因為投資報酬率不可能無限上綱，所以才需要討論在「QVDT 的投資架構」下，如何讓自己不斷有資金投資，而且不因為其他意外而中斷投資，或是被迫賣出投資部位。而這是需要做出財務上的管理調整才能達成的，因此我們需要考慮下述兩種管理的方法，並以個案來做簡單的說明。

收支管理

首先，需要計算出目前財務狀況支出及因應短期目標的資金，因為這影響到我們每年的生活能否持續：

（1）每月支出預算：定期每月會支出的項目，如餐飲費、交通費、電信費等。

（2）年度支出預算：不是每月會支出的項目，但可能每年一次或數次的預計支出，如父母紅包、每年旅遊費、保險費等。

（3）短期目標儲蓄：準備時間太短的目標，如兩年後想要結婚，並不適合使用投資準備，而需要考量流動性比較高的資產，如定存、活儲等。

風險管理

我們不願看到，意外狀況發生時讓為了達成目標準備的投資部位被迫賣出，同時還要準備因應緊急狀況的緊急預備金，這些考慮的基準也都來自於收入與支出影響的生活方式：

（1）身故風險：考量自己身故的責任需求後，需支出的保費。

（2）醫療風險：考量自己發生需要使用醫療資源時，會產生的花費需求後，需支出的保費。

（3）失能風險：考量自己萬一需要被照護的情況下，預估自己的照護支出後，需支出的保費。

（4）緊急預備金：遇到特殊急迫事件時，如因疫情影響而放無薪假或被資遣等狀況，這時能有一筆馬上拿得出來的資金來應對，而不是自己被迫匆忙做決定。緊急預備金原則上應準備每月支出 3 ～ 6 倍的金額。

個案說明

下圖是小方的財務狀況。實際管理執行若如同小方的財務狀況，這時我們就可以確保投資的資金是閒錢，不影響每年過生活需要使用的錢，也因此能在投資上承擔更長的時間，不被迫做出賣出的選擇。

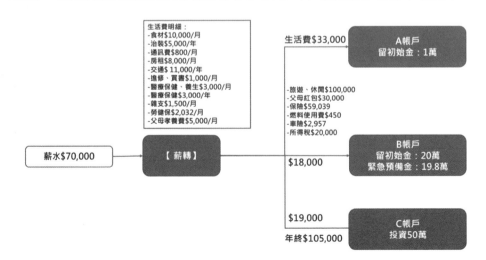

但如果這時發現，可以投資的金額仍然無法達成目標的時候，我們就需要做四種調整考量：

1. 如何提高收入。

2. 如何減少支出。

3. 目標可否延後。

4. 目標可否減少。

　　這四種考量需要考慮到目標和現在的生活方式，在符合自己想要的生活方式之下，才能做出適合自己的調整。以避免發生擔心自己無法退休，現在生活卻節省到很困苦，或太想享受現在，而忽略可能達成的未來目標等狀況。我們可以從下圖中發現，小方的目標金額及目標時間如果在現在需要做出什麼調整，小方因此選擇的調整方式。

目標管理導向財務調整方式

項目	目標	時間點	花費	依QVDT選擇投資方式 (比例不同長期會有不同的投資報酬率)	做出具體調整 (依自己的價值觀選擇調整方式)
1.	買房	10年後	1,000萬	Quality良好的品質 Value合理的價格 Diversification充分的分散 Time足夠的時間	1.發現目前的財務狀況無法達成目標
2.	買車	5年後	100萬		2.確認5種調整方式帶來的影響是什麼
					3.自己想以提高收入的方式調整
3.	退休金	30年後	2,000萬		4.確認需提高多少收入可達成目標
					5.決定2年後轉職
					6.為達成轉職需進修哪些課程與技能

箭頭內文字：
1.選擇投資方式
2.如何提高收入
3.如何減少支出
4.目標可否延後
5.目標可否減少

註：各種變化因素有同時考量，同時也包含通貨膨脹率，但顯示以現值為準，以便大家比較容易理解。

小方考慮到自己的工作形態，如果提升某些能力後，其實是很有機會轉職加薪的，而且也因為這樣轉職是自己想要的，所以願意去嘗試並提升自身能力。我們會發現，小方每月收入提升 9,000 元，並且可以做投資使用，就足以讓他達成所有目標，也有檢視的標準可以讓自己調整來面對未來。

　　在重新建立投資計畫狀況，就會知道目標與現在生活方式的關係，也會知道每一件執行的事情與其他事情的關聯性，以及自己想要的生活如何達成，同時財務檢視也都有了標準。總之，讓投資再也不是為了賺最多的錢，而是回歸到想要的目標與生活方式如何被滿足。

重點回顧 ▶▶▶

① 重新設計自己的投資計畫，需要重新確定自己的目標，再以終為始規劃。

② 理解「QVDT」的投資架構。

③ 要確保持續投資達成目標的能力，需要先建構收支與風險上的管理。

附註

1.

名稱	資產類別	觀察指標
Lg Cap	大型股票	S&P 500 Index
Sm Cap	小型股票	Russell 2000 Index
Int'l Stk	成熟市場股票	MSCI EAFE Index
EM	新興市場股票	MSCI Emerging Markets Index
REIT	不動產投資信託	FTSE NAREIT All Equity Index
HG Bnd	高評級債券	Bloomberg Barclays U.S. Agg Index
HY Bnd	高收益債券	ICE BofA US High Yield Index
Cash	約當現金（國庫券）	S&P U.S. Treasury Bill 0-3 Mth Index
AA	資產配置組合	由 15％大型股票、15％成熟市場股票、10％小型股票、10％新興市場股票、10％不動產投資信託、40％高評級債券所組成，並且實行年度再平衡（因為資產類別有漲有跌，需要調整為原本設計的比例）。

第六節　執行：執行並檢視，優化投資組合

擬定好投資計畫後，執行的過程中，又有哪些細節要注意？又該依著哪些原則進行調整呢？

剛起步的時候，可能會覺得相當費力，或是摸不著頭緒，以下有三個執行的方式，可供參考。至於更多有關投資的執行細節，是本書的重點，將在第三章深入剖析。

除了執行本章的五步驟，先初步建構「目標導向投資系統」外，更重要的是必須定期重複執行五步驟，必要時則進行調整，確保「目標導向投資系統」仍以最有效率的方式運行，才是在人生漫長的理財路上，安心完成目標的關鍵。

執行方式一：預算管理、先存後花

設計好投資計畫後，要開始每月有紀律地投入市場，此時最重要的是「先存後花」的原則，打造金流，自動做好預算分配。

若是對於每月總是入不敷出、無法好好控管支出的朋友，建議採用簡單的 ABC 帳戶分流方式，各帳戶可以選擇一個銀行帳戶進行管理，三個帳戶依其使用目的分類如下：

A. 日常消費	• 生活費用 / 家庭管銷費用
B. 年度計畫	• 年繳保費 / 所得稅 / 節慶開銷 / 年度旅遊計畫
C. 儲蓄投資	• 薪資入帳即轉入，先存再花 • 依目標時間決定投資組合

採用 ABC 帳戶進行分流，有兩個重要原則掌握即可：

先存後花

如果過往比較無法存下錢，或者存錢速度不如預期，可以善用人類「心理帳戶」的本能，在薪資撥入帳戶後，立刻將每月預計該存下的金額立即轉入 C 帳戶，在清楚知道這筆錢未來將達成什麼目標的情況下，就不容易被使用到平時的花費中。

預算管理

A 帳戶、B 帳戶包含了所有的開支預算，如果可以做到分毫不差地執行每一項預算，當然是非常完美，但並不是每個人都能接受這樣的方式。這邊訂定預算的目的，是讓我們不要花超過能力所及的支出，所以實際執行生活開支預算時，只要不超過預算總數，是可以在各項預算間挪用的。

舉例來說，假設每月的伙食費預算是 5,000 元，而治裝費是 2,000 元。當看到一件裙子很漂亮，但價格卻超過治裝費預算時，若願意減少伙食費，即可將部分伙食費預算挪用到治裝費。

這樣子類似「總預算」的概念，是比較多人可以接受的，執行起來心理的負擔較低，才是能持續保持的關鍵。

◕ 執行方式二：依照目標時間選擇資產配置

分配到 C 帳戶的資金，要開始決定其投資組合。然而，若是緊急預備金還不足，或是有一年內的目標需要動用資金，此時建議就先以「存款」作為使用的金融工具。畢竟，時間太短，貿然進入投資市場，反而承擔了不必要的投資市場風險。

針對一年以上的目標，下表是建議設定的目標報酬率及股債配置比例。

適用情境或持有期間	目標報酬率	股票與其他資產類別（主要是債券）占比
1~3 年、退休	3%	30% / 70%
3~5 年、退休	4%	50% / 50%
5~7 年	5%	70% / 30%
7 年以上	6%	90% / 10%
10 年以上	7%	100% / 0%

　　隨著目標準備的時間越長，越可以不用去擔心過程中的投資市場波動，所以投資組合中的股票比例就可以高一點，相對的目標報酬率也會較高。反之，若目標時間越短，股票的比例就會降低，確保目標金額不會因為市場大幅波動而造成影響。

　　隨著每年時間的推移，也應該適當地調整投資組合。舉例來說，原本需準備五年的購物頭期款，一開始是採用 50/50 的股債投資組合，但是經過兩年之後，目標期間剩下三年，此時股債比例就該調整至 30/70。再經過兩年，也就是一年後要動用頭期款時，就該全數轉為存款，避免頭期款金額因為市場大幅下跌而受到影響。

　　最後，即使是進入退休階段，除了保留 2 ～ 3 年的生活準備金外，其餘資金也必須要在投資市場中。雖然股票比例不宜太高，例如超過 50%，但也要保有一定比例的股票。理由在於，股票才是長期擊敗通膨的最佳選擇，若完全不持有股票，可能會讓資產成長的腳步跟不上通膨，影響到退休生活品質。

 ## 執行方式三：個別目標管理 vs. 大水庫管理

　　類似前段提到的，依個別目標管理投資組合，可以是一種管理投資組合的方式，雖然相當直觀，但實際執行起來也會相對較為複雜。

舉例來說，若一個家庭的財務目標如下表：

目標	時間	金額	投資組合 股債比例
買房	10 年	1,000 萬	90％／10％
買車	5 年	500 萬	50％／50％
退休金	30 年	2,000 萬	100％／0％

若是依個別目標管理，此時同時要購買三種不同的金融工具，來達到各目標所需的股債比例，每年也需做個別的調整。

如果要將執行簡單化，我們也可以用加權平均後的股債比例，來做單一的配置即可，如下表：

目標	時間	金額	投資組合 股債比例
買房	10 年	1,000 萬	90％／10％
買車	5 年	500 萬	50％／50％
退休金	30 年	2,000 萬	100％／0％
合計		3,500 萬	90％／10％*

* 加權平均的結果

如上表，計算後的整體加權平均股債比例為 90/10，可以使用一項簡單的配置即可，不僅管理較為簡易，而且需要調整比例的頻率也會較低。這樣的管理方式，如同把所有的水都集中在同一個大水庫裡，只需管理一個水庫的流入、流出即可，而不是分散在數個小水庫裡，同時管理數個流入、流出，相對也會是適合大多數人的執行方式。

為何要檢視

　　人生的投資理財計畫，就如同從地球要發射火箭到月球，距離相當漫長。剛發射的時候，要用很大的力量克服地球的地心引力，但是看起來只是慢慢在升空而已。首次採用「目標導向投資系統」，除了訂定計畫的過程很複雜之外，剛開始執行的過程會感覺耗費很多心力，但因為資產剛開始累積，投資的時間複利效果還不明顯，會感覺成效不彰。

　　但是當火箭突破大氣層後，此時沒有了阻力，即使不加速，火箭依舊會全速往月球奔馳而去。執行「目標導向投資系統」一段時間後，資產開始累積，好的理財習慣也慢慢融入到生活當中，會開始覺得不太費力，但是理財的成果越來越明顯，距離目標越來越近。

　　而當火箭距離月球越來越近時，反而要開始慢慢減速，才能安全降落，否則全力衝刺反而會讓火箭墜毀。財務目標接近實現的時間，為了確保達成目標的機率，需要適度地調整投資組合，不再像是資產累積期的全力衝刺，才能安心投資，達成目標。

既然計畫都會改變，為何還要計畫？

　　如果從地球發射火箭到月球，發射後不再監控火箭的狀態，即使中間遭遇不可測的因素，例如風向改變、大氣層狀態不同等，也都放任火箭照原本方向飛行。試想，如果眼看要撞上一顆隕石，難道不需要暫時調整方向，躲避撞擊嗎？在這樣的情況下，即使一開始是不偏不倚地瞄準月球，但火箭有辦法順利降落在月球嗎？

　　或許有可能，但這是在所有未預料到的因素彼此影響剛好相互抵銷的情況下，才有可能發生。否則在這麼長的距離與時間下，只要一個輕微的偏差，都無法讓我們順利到達月球。

在前面建構「目標導向投資系統」的五步驟當中，有許多事先估計的因素，但這些有可能會隨著時間而改變，例如：實際薪資的成長高於或低於預期、生活支出預算估計過於保守、原本想生一個孩子卻懷了雙胞胎、因為疫情被迫放無薪假或毅然決然決定創業等等。

沒有一項計畫可以完美地在事前就囊括所有會影響的因素。完美的計畫，是靠著不斷執行相同的標準作業流程（Standard of Process, SOP），一點一點地修正而得來的。

「目標導向投資系統」，是讓我們在投資的過程中，確保隨時以最有效率的方式、航向最想前往的目的地。但要隨時保持這樣的狀態，必須要持續監控各項不可測的因素，做出調整，才能安抵彼岸。

重點回顧 ▶▶▶

① 預算管理、先存後花，確保該存的錢都有存下來。若有控管支出的問題，可參考 ABC 帳戶的分流方式。

② 隨著時間過去，投資組合必須要在適當的時間降低股票比例，可以更安心達成目標。

③ 使用個別目標來管理投資組合，好處是資金用途更加清晰明確，但是缺點會是執行較為複雜，管理成本較高。

④ 使用大水庫方式管理投資組合，優點是大幅降低管理成本。

⑤ 每年定期檢視，才是確保計畫更加完美且能夠被落實執行的最重要關鍵。

—— 第三章 ——

要開始投資了，
我們還需要留意哪些細節

第一節　QVDT 投資組合原則：實現目標的投資架構

長期要達成目標，需要確立自己的投資方式。依據每個人的目標、自身財務狀況，實際上會打造出來的投資組合都會不同，而不同的投資組合需要的時間、承擔的風險、獲得的報酬率也都會不一樣。而要設計出這樣的投資組合，需要思考 4 個原則，並依據這 4 個原則調整投資的架構。這 4 個原則稱為「QVDT」原則，名稱分別是：

1. 良好的品質（Quality）。

2. 合理的價格（Value）。

3. 充分的分散（Diversification）。

4. 足夠的時間（Time）。

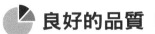 良好的品質（Quality）

我們在投資方法或標的上，需要關注良好的品質，而良好的品質需要具備兩個要件：

1. 在配合目標達成的前提下，資產能夠持續增長。

2. 具有可複製性，是每個執行者都可複製並實踐的。

要關注這兩個要件的原因在於，我們需要知道投資的邏輯及這樣的方式會如何獲利？立論基礎是什麼？可不可以複製模式？如果不考慮這些因素的話，很可能我們投入的資金或資產，其實不能良好的管控及確保順利進行。這有可能導致不能順利達成目標，反而要仰賴幸運女神的眷顧。

合理的價格（Value）

這邊雖然稱作要判斷合理的價格，但其實考慮的是我們在買入投資標的或賣出時，有能夠判斷到底值不值得的條件，而這個條件需要在兩個方向去做綜合判斷：

1. 外在的價格。

2. 內在的價值。

價格與價值的落差才是我們所關注的，因為價格是顯露在外的共識，就像是我們去買東西時看到的標價，代表著會付出去的金錢；價值則是隱藏在內，平常看不到，需要一步一步去拆解，才能大略認定價值到底值多少，這時我們才能有判斷的標準。有了能夠判斷的標準後，才能知道價格到底是貴還是便宜，而不是單純用價格來判斷貴不貴。因為**我們付出的是價格，但得到的是價值**，如果花太多錢買到不划算的東西，就肯定不會是個好投資。

充分的分散（Diversification）

　　為什麼我們需要考慮分散投資這件事呢？那是因為投資本質上是有風險的，但我們無法規避所有的風險，這有可能使我們無法累積資產達成目標，否則難道所有人都把錢放在定存，所有問題就能夠解決、目標都能夠達成了嗎？並不是所有人都能使用最低風險的方式達成目標，畢竟最低風險的報酬可能不夠多。所以我們需要考量在面對未知的風險下，以承受得起風險的情形去追求報酬。

　　而分散最大的效益在於，每一種投資標的其實都會受到不同因素影響，我們盡量不要讓同一種因素影響到自己所有的投資組合過大，而是考慮不同的因素、事件，對自己的投資組合有不同的影響程度。例如：當你的投資組合都是半導體產業鏈，那半導體相關需求、效益高時表現就會特別好，如果有新科技產業替代了大多數半導體功能，就可能有翻船的風險。想想過去的宏達電、百事達、柯達，就知道以前再偉大的事業，都有可能受到某些因素強烈的衝擊。分散的比例及分布就可以讓我們比較不受影響地面對這些事，畢竟太多事情無法預料。我們需要考慮使用分散的策略，放棄獲得最高報酬的可能，用長期的角度思考，以換取投資的累積及較為確定獲得的報酬。這樣也比較不影響投資時的心理波動，並且在財務狀況有意外時，比較不會被迫在不好的時機出場，而失去獲利的機會。

足夠的時間（Time）

　　最後一個因素是時間，這是非常重要的因素，藉由時間的累積，可以讓投資結果更能確定。因為對資產累積而言，時間越短越需要運氣；時間越長，可以控制跟調整的條件可以掌握更多。就好比我們是蘋果果農，要種出蘋果，會期待剛播種後，明天就採收嗎？我想大家都不會這麼想。我們都知道這需要規劃、除蟲、除草、澆水、施肥、

堅持守候、等待收成蘋果的那一天，這些都需要時間，豐碩的果實需要一開始的辛苦及等待。而我們可以更有效率的來看待及應用時間，不只是被動等待時間累積，而是分析時間對不同的目標及投資組合的影響。就好像比爾‧蓋茲說過：「我們總是高估自己一年內可以完成的事，卻又低估自己十年後可以達成的成就。」時間因素可以協助我們設立良好的決策，應對未知風險。

重點回顧 ▶▶▶

① 「QVDT」投資組合原則的要素，需具備良好的品質（Quality）、合理的價格（Value）、充分的分散（Diversification）、足夠的時間（Time）。有了一個概略的認識，知道這樣的思維後，有助於之後詳細的內容閱讀。

第二節　Q（Quality）：良好的品質

需要靠投資方式安心達成目標，一定要符合某些前提，這些前提是良好的品質、合理的價格、充分的分散、足夠的時間。本節將會討論在「QVDT」的架構下，什麼會是我們考慮的「良好的品質」，這件事又為什麼這麼重要。

什麼是良好的品質

投資策略關注的良好品質是，關注目標能否達成，因為根據不同的目標，投資上的關注重點會不一樣。如果考慮的是財務目標的達成，嘗試賺取最多的錢或可能的最大報酬率這件事，並不一定是我們最需要在意的品質。因為每個策略都有優缺點，如果投資策略與達成目標不一致的話，可能承擔對自己來說不必要的風險。那什麼狀況能具備我們要求的「良好的品質」呢？主要有下列兩個方向：

在配合目標達成的前提下，資產能夠持續增長

如果我們想要達成目標，需要足夠的金錢（資產）來協助。而所謂「足夠的金錢」，則是仰賴我們在選擇投資方式及標的上，資產能夠持續累積，而這個累積效果會隨著時間越來越強。就好像知名投資者華倫·巴菲特說過：「我 99％的資產都是 50 歲以後獲得的。」希望達到累積效果的同時，還需要考量發生各種意外時，盡量不使累積中斷或者減損。在這個前提下，需要太高運氣成分的投機方法、讓自己承擔太多債務的方式，在操作上及選擇標的就會先排除掉。還有，像資金盤的模式，其實只是藉由虛幻願景或假象包裝，其實是像老鼠會一樣將後面來的資金先發給之前的人，直到體系崩盤為止，這也不適合作為投資標的。**因為以目標導向的投資方式不是為了短期嘗試賺到最多的錢，而是我們一生想要的目標能不能穩健地達成。**

具有可複製性，是每個執行者都可複製並實踐的

投資是「**方法論**」（註1）而不是「結果論」而已；也就是說單純的投資結果好，但其他人卻都無法做到的時候，這種方式就沒有意義。通常這也伴隨一種我們容易做出錯誤判斷的現象，叫做「倖存者偏差」，我們很常發現，在市場上最終存活下來的人，或者有賺到錢的人，大家都會比較容易認為這個人肯定是有本事，甚至可能當事人自己也這麼認為，以為好結果是因為自己的關係，而可能忽略了運氣因素。但在判斷時需要多一層思考與分析，看結果的產生跟方法的因果關係，也需要看結果的產生依賴運氣的成分有多高。有沒有辦法辨別，以及有沒有能力做出分析，並找出越不需要依賴運氣的方法，也是我們很重視的「品質」，否則單純期待好結果，跟賭博沒什麼兩樣。

為什麼要關注良好的品質

我們為什麼要開始投資？是想要越賺越多錢嗎？或許表面上看起來是，但其實是希望藉由投資，實現各種目標。無論是提升現在生活水準、買車買房、退休金準備等，只是目標的達成通常需要足夠的金錢。因此才需要在意根據目標達成來決定我們的投資策略。

比如說使用線圖來分析的投資方式，其實對應的是買賣雙方各種的心理狀態，買方是認為會更好才買，賣方是認為會更差才賣，在這種對立的矛盾下，如果在意的是當下的盈虧與價格變動，就很容易形成不斷地買進賣出，這樣的形態並不利於**計畫時間比較長**的目標達成，好比退休、子女教育金規劃、10年後買房等，畢竟我們投資是希望達成目標，因此需要考慮達成目的。但往往在投資的時候卻可能忽略了目的，專注在當下追求的最大報酬。但因為時間越短，需要做的決策越多，會受運氣成分影響越大，不可控制的層面越多，難以知道這樣的方式可以賺到多少？需要重複操作多少次？如果希望的是各種

比較長期目標的達成，投資標的或投資方式的選擇，就需要關注在良好的品質上面。冒著風險追求當下的最大報酬的話，反而可能跟目標不一致，導致難以達成我們想要的結果。

 ## 如何找出良好的品質

目標達成：需要找出為了能達成目標，資產能夠長期累積成長的因子

　　資產長期增長的本質是生產力，而生產力是什麼呢？歸根究柢是人們為了想要過更好的生活，而做出的實踐與產出。而每一次發現的新科技、應用方式，都會對生活產生改變，使我們過得越來越便利，也越來越舒適。像工業革命（註2）的變化，都帶來各種新型產業，產出不同的需求產品，也衍生當下需要的服務型態。

　　只要人們還想要追求更方便及舒適的生活，就會不斷地有產出來改變我們的生活。在這個過程當中，無論是因為勞動人口（註3）的基數變化，或是生產效率的提高（註4），最終都影響到生產力的增長，也因為生產力的增長，經濟就會不斷向上發展。而經濟不斷地向上發展，就會延伸到國家富裕、社會富裕、公司富裕，最終到家庭與個人的生活水準比以前好。

資產長期增長的本質

生產力　＝　生產效率　×　勞動人口

相信未來會更好

生產力的增長，最開始的變化會來自於公司收益、發明，再來是商業型態改變，帶動收入的提高，刺激消費的轉變，房地產跟著增長，生活型態就會與過去有很大的不同。在這樣的前提下，代表公司的指標如股票類型的資產類別，就是最受直接影響的標的。如下圖MSCI世界指數（註5）的變化，雖然中途有起有落，但時間越長，其實是不斷升高的。

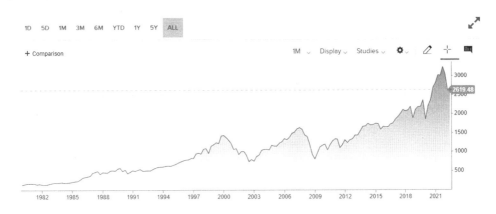

資料來源：CNBC

　　這一段並不是要告知大家投資什麼標的，而是先理解投資的本質是會隨著時間影響，而有持續向上增長的趨勢。只是如果越集中在單一標的或者越小的標的上，就越無法知道長久在這世界上的影響。就好比世界股票的大盤指數，長期來說會向上成長，但我們無法確定股票成分中的其中一間公司，會不會在發展過程中夭折。所以根據策略或標的的不同，就需要具備判斷能力和判斷標準，以及不同的應對策略。

可複製的方法論：需要建構不必依靠運氣的方法

可複製的方法論

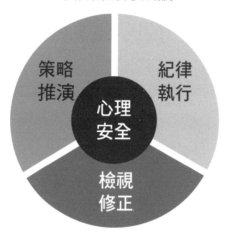

（1）有策略的推演

在專業領域內，格外重視邏輯與步驟。就好比先設定要處理的問題或者達成事項，就可以依據目標制定策略，並依此推演流程與狀況。譬如說預計年底要完成一件 6 個月的專案，那我們就需要制定架構與流程，拆解成每月需要做到什麼進度，再將每月的進度進一步拆解到每周，接著拆解到每一天。所以符合品質的投資策略，也需要有能夠制定策略的邏輯與架構存在。如果目標是 30 年後的退休準備和 5 年後的買房需求，就會是不同的邏輯與架構，在投資選擇自然要求的品質不同。

（2）有紀律的執行

無法執行的策略就不是好策略，假設小方年收入 60 萬元，年支出 50 萬元，每年可以存下 10 萬元。他的目標是 10 年後買房需要有頭期款 200 萬元，這時可以思考以下三種方法紀律執行的難易度如何？如果需要做的調整難度越大、過度依賴運氣，則會更難紀律執行，目標會越難實現：

A. 10 年定存到 200 萬元，年化報酬率 1％，每年存下約 19.1 萬元，需要年收入提升到 69.1 萬元，即每月收入增加 7,583 元。

B. 每年存 10 萬元，累積 10 年達到 100 萬元，再去賭場贏到 200 萬元。

C. 根據目標、自身財務狀況、準備年期設定投資組合，年化報酬率 7％，每年存下 14.5 萬元。需要年收入提升到 61.8 萬元、年支出減少 2.7 萬元，即月收入提高 1,500 元、月支出減少 2,250 元。

實際狀況需要考慮很多面向，但在這種條件下，小方選擇方法 C，通常是比較容易執行且達成目標的。

（3）有辦法檢視修正

策略和執行狀況是要能夠根據狀況和意外來修正的，我們常說計畫常常趕不上變化，但為什麼仍然需要設計可以執行的計畫？那是因為這麼做才有判斷的標準，知道該怎麼調整與應對，才能回到原來的軌道上。

（4）符合心理安全感

當策略推演、紀律執行、檢視修正都能做到，就會形成一個堅定的模式，使自己遇到任何狀況時，心中會有架構跟標準，越來越不輕易受到其他人事物影響，更能穩定達成目標。

重點回顧 ▶▶▶

① 良好的品質要關注的地方有二點：

(1) 要使用的投資方式，需要能夠讓資產長期累積，並達成目標。

(2) 使用的投資方式與架構，是具有可複製性的方法論，而不是只靠運氣來決定目標可否達成。

② 長期投資的架構，需要考量到生產力的本質，投資並不只是數字遊戲。

③ 投資的方法論需要可複製與減少運氣因素，這需要符合四個條件：

(1) 有策略的推演。

(2) 有紀律的執行。

(3) 有辦法檢視修正。

(4) 符合心理安全感。

附註

1. 笛卡兒方法論：

   （1）開放懷疑：不能夠接受自己都不清楚的真理，這也是為了避免自己的既定偏見，在自己都不清楚的真理面前，可以勇敢的去懷疑它，並嘗試驗證。

   （2）化繁為簡：很多複雜跟困難的問題，都是由許許多多簡單又比較小的問題組成，因此可從分辨小的問題開始，或者該注意的本質為何？

   （3）由簡入繁：需要解決或關注的問題經由化繁為簡分辨過後，就以這個部分開始著手解決。

   （4）綜合驗證：當問題都已經依序解決後，還需要能夠去檢驗，看問題是否能完全解決或者修正。

2. 工業革命：

   （1）第一次工業革命：約於西元 1760 ～ 1840 年代左右，水力及蒸汽機的應用，取代傳統獸力與人力，開始機械化生產。

   （2）第二次工業革命：約於西元 1870 ～ 1914 年代左右，電力普及及石油的應用，開始實現製造生產的大量規模化。

   （3）第三次工業革命：約於西元 1970 年代開始，又稱為資訊革命，開始了電腦的應用及自動化運作的工業型態。

   （4）第四次工業革命：約為 21 世紀初期提出來的概念，並在 2011 年逐漸普及優化，包含 5G、人工智能、自動車及自動工廠與服務、3D 列印、奈米科技、量子電腦、生物科技、物聯網等。讓生產效率進一步提升。

3. 勞動人口：泛指 15 歲 ～ 64 歲的工作年齡人口。又衍生出人口紅利（15 歲 ～ 64 歲的工作年齡人口，扶養 14 歲以下及 65 歲以上的非勞動人口比率小於 50％，亦即勞動人口大於非勞動人口的概念）及人口負債（人口紅利反過來的概念，非勞動人口大於勞動人口）。勞動人口會影響到生產力的基礎，勞動人口越多，越可以期待生產力的提升。

4. 生產效率：如果投入同樣的資源或者人力，卻可以提升更高的產出，就是生產效率的提高。譬如說一畝田的耕作，有沒有使用機器會對需求人力產生變化，使用機器生產效率提高，同時也可以解放本來的需求人力從事其他生產力的工作。

5. MSCI 世界指數：是由摩根士丹利（Morgan Stanley Capital International，簡稱 MSCI）所編製的股價指數。MSCI 編制的標準是全球都具備公信力及影響力的指標，也因為 MSCI 考量的因素非常多，範圍涵蓋全球，除了考量國家、區域、產業等，交易量、價格、流通在外股數、持股比例、外資投資限制也都是關注的條件。所以組成的標的，大多是穩健獲利與具有競爭力的大型績優股。

第三節　V（Value）：合理的價格

第二個投資重要的原則，是合理的價格。然而，要購買一項商品前，一定會知道它的價格。舉例來說，如果是在交易所上市交易的股票，隨時都會有成交價。如果是未上市的股票，若想向持有人購買時，也一定會先詢問價格，再決定是否要買進。

所以，價格是一個可以被觀測到的數值，那麼要如何判斷此時的價格是「合理」的呢？此時就必須仰賴對「價值」的評估。

什麼是合理的價格

簡而言之，「價值」的涵義就是，透過各種不同的方式，評估眼前的商品應該值多少錢才合理。當評估出來的價值「低於」目前市場的價格時，就會認為目前價格偏貴，所以不會買進，甚至會考慮賣出。反之，當評估出來的價值「高於」目前市場的價格時，才會考慮買進，或者持股續抱。

也因為評估的方法不盡相同，所以市場的交易者對於價值的看法就會不同。比方說台積電的分析報告，每位分析師都有自己的目標價，就是對價值的評估不同。但也因為交易者看法不同，所以有人會想賣出、有人會想買進，股票才能流通。

如何評估價值

總體面的評估

衡量一個區域、一個國家的經濟，最重要的數據就是國內生產毛額（Gross Domestic Products，簡稱 GDP）。國內生產毛額的計算，是來自於經濟體內每個個體互相的交易，當需求增加，交易也會越熱絡，整體國內生產毛額就會成長。

而需求的增加，就會帶動前一節所提到的生產力提升，而生產力提升一部分會來自生產效率的提升。當某些公司因為改良了商業模式或研發出新產品等，得以提高生產效率，以迎合人們的需求，讓人類的生活更加進步，整體的國內生產毛額就進一步提升。

生產效率提升後，又會有更多的人力被轉移到生產其他貨品，而勞工拿到薪資，又再消費更多的貨品。這樣的循環不斷地推升人類的經濟活動。

所以，國內生產毛額是衡量人們經濟活動的一個重要依據，衡量總體經濟應該「價值」多少的依據，而且只要人們的生活越來越進步，國內生產毛額是會緩步推升。

那麼，要如何觀測總體經濟的「價格」呢？

國內生產毛額成長的經濟果實，會落入積極創新、迎合人們需求的公司當中。甚至，有些革命性的產品，是會創造人們的需求，例如電腦、智慧型手機等，而生產這些產品的佼佼者，例如蘋果公司，就能獲得較多的經濟果實。

公司的股票，如果有在公開市場交易，就可以觀測到一個公開的成交價格，進而計算出整體股票市場目前的總值，稱為「市值」。

於是，將一個國家或是一個區域的股票總市值，除以該區域的國內生產毛額，便可以作為目前總市值是否合理的其中一種方式，這也是著名的「巴菲特指標」。

以 2022 年 9 月的美國市場來說，「巴菲特指標」大約是 150 ～ 160%，在 2021 年年底時甚至接近 200%。巴菲特多年前曾表示，該指標 75 ～ 90% 為合理，超過 120% 則為高估。

所以，是否可以「巴菲特指標」作為買賣的依據？這樣可能又會太過武斷，因為股票市值還會受到其他總體經濟的因素，像是貨幣政策、財政政策、匯率等影響，要判斷什麼水準才是合理的，本身就是

相當困難的事，除了要有充分的、正確的資訊外，也要有足夠的專業才能夠做判斷。

個體面來看

要評估一家公司的價值有許多的方式，但這些方式不外乎將未來的「預期現金流」以「合理折現率」折現到現在，來評估目前的股價是否合理。

常見的評價模型包括：

（1）**股利折現法**：估算公司未來的股利成長方式，一般會以一個固定的股利成長率，再以折現率折現後，得到一個評估的合理價格。

（2）**自由現金流量折現法**：自由現金流的計算方式如下：

稅後淨利＋折舊費用＋應收／應付帳款變動－資本支出

自由現金流主要就是公司日常營運活動所賺取的現金，扣除掉為了擴張而增加的資本支出，評估公司累積現金的能力。使用這個方法，同樣必須估算出未來的自由現金流後，再以折現率折現得到評估價格。

（3）**本益比法**：股價除以每股稅後盈餘。每股稅後盈餘的評估方式，可能是過去一段時間的平均，也可能是未來某段時間的預期。

（4）**股價淨值比法**：股價除以每股淨值。

上面這些評價模型，各自也可能都會有一些變化，以因應不同公司的情況而調整。例如：如果公司處於新興產業，需要不斷擴張、增加資本支出以搶占市占率，若以此時的股利或是自由現金流來評估，可能會失準，這時就需要調整預期股利或是自由現金流的評估方式；而此時公司的每股稅後盈餘也可能較低，所以只看目前的本益比會偏高，可能也要調整這類公司的合理本益比水準。

要找到這些模型的公式並不難，真正難的地方是如何評估「預期現金流」及「合理折現率」。除了資產負債表、綜合損益表、現金流量表等量化的數據外，最好也要搭配一些質化的分析，例如：管理階層的誠信、公司組織文化、市場口碑等因素，來調整「預期現金流」及「合理折現率」。

要選對股票，有多難？

美國的道瓊工業指數（Dow Jones Industry Index）是 1896 年成立的指數，由 30 檔大型成分股所組成，選擇的標的是在各產業舉足輕重、具有影響力的績優公司，又稱為藍籌股（Blue Chip）。2022 年 9 月，道瓊工業指數的 30 家成分股，如下所示：

明尼蘇達礦業製造（3M）

美國運通（American Express）

安進製藥（Amgen）

蘋果公司（Apple）

波音（Boeing）

開拓重工（Caterpillar）

雪弗龍石油（Chevron）

思科（Cisco）

可口可樂（Coca-Cola）

道氏化學（Dow Inc.）

高盛（Goldman Sachs）

家得寶（Home Depot）

漢威聯合（Honeywell）

英特爾（Intel）

IBM（International Business Machine）

嬌生（Johnson & Johnson）

摩根大通（JP Morgan Chase）

麥當勞（McDonasld's）

默克製藥（Merck）

微軟（Microsoft）

耐吉（Nike）

寶僑（Procter & Gamble）

賽富時（Salesforce）

旅行者（Travelers）

聯合健康保險（UniterHealth）

威訊通信（Verizon）

威士卡（Visa）

沃爾格林聯合博姿（Walgreens Boots Alliance）

沃爾瑪（Walmart）

華特迪士尼（Walt Disney）

如果我們把時間往前推 30 年，有哪些公司是 30 年前就在這份名單當中呢？換句話說，有幾家公司在過去 30 年中屹立不搖呢？

答案是 11 家，分別是美國運通、波音、開拓重工、雪弗龍石油、可口可樂、IBM、摩根大通、麥當勞、默克製藥、寶僑、華特迪士尼。這也代表，有 19 家在 1990 年代名噪一時的大公司，可能已經不復存在，或是雖然還存在，但影響力已經大不如前。

這 19 家公司當中，有一家公司值得一提，那就是伊士曼柯達（Eastman Kodak）。對，就是生產軟片的那家公司，年輕一點的讀者，可能甚至不知道什麼叫做軟片。在傳統相機逐漸被數位相機甚至手機取代的過程，伊士曼柯達沒能跟上時代，已經逐漸沒落，在 2022 年 9 月時，公司市值大約是 4 億美元，也就是 120 億臺幣。這樣的規模，別說是道瓊指數了，連臺灣 50 指數都不見得能擠得進去。

另一項數據「羅素 3000 指數」涵蓋美國大中小型共約 3,000 家的

個股，該指數自 1987 年到 2019 年間，有多少比率的個股，其報酬率為負？

答案是 47%。也就是即使超過 30 年，雖然指數已經大幅成長，但仍有將近一半的個股，在這期間無法帶來正報酬。這個期間的指數總報酬，主要是由 7% 個股所貢獻的，這些個股在這段期間的報酬率，都超過 1,000%！

很訝異嗎？但仔細想想，當老闆不就是這樣嗎？買股票不就是要承擔生意失敗的風險嗎？

更難的是，就算我們一開始選對股票，但是當報酬率達到 200%、300% 時，會不會半途就下車了呢？

評估價值是一件很專業的事

從以上說明可以了解到，要評估一個國家、一個產業、一家公司的價值，必須要先有足夠的資訊，同時也要有專業的知識能夠判斷哪些是有用的資訊、哪些是干擾的雜訊，然後將這些資訊輸入自己的評估模型，才能得出價值。

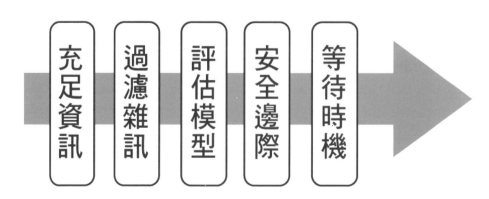

評估價值流程

充足資訊　過濾雜訊　評估模型　安全邊際　等待時機

此外，為了擔心自己是否有什麼資訊沒掌握，或是思慮不週全的地方（肯定有），所以會再考慮價值的安全邊際，才會得出一個合理的買入價格。然而此時市價可能還遠高於此，所以接下來就要耐心等待時機，等待期間還是要不斷地蒐集該標的的資訊，持續地修正自己的目標價。

即使完成上面的步驟，但跟市場價格相差很多的時候，會不會開始懷疑自己？畢竟人是從眾的動物，要有特立獨行的想法，就要有過人的眼光與勇氣。

除了要有嚴謹的評估流程，還要有耐心對抗人性的本能反應，所以即使是專業的法人機構報告，也不時會有分析師「認錯」的情形。連擁有資訊、專業更多的法人，都難以估價了，更何況是一般投資大眾呢？

如何以合理的價格，建構具優良品質的投資組合

自己評估

如前面所述，我們認為這些過程絕對有人能夠辦到，但是過程絕非常人所能想像的。舉例來說，若是觀察個股的口袋名單有 30 家公司，假設每家公司平均每月只花 1 小時，蒐集與判讀各項資訊，包括：一年四次的財報發布、法說會、公司老闆或發言人的新聞等，每月大約就需要占去 30 小時，也就是將近 4 個工作日的時間。換句話說，每周的兩天休假，要用去將近一半的時間。

這個前提是，要先具備一定程度的專業知識，可以每月只花 1 小時就判讀以上資訊。以考取國際特許財務分析師證照為例，三階段考試各需要 250 個小時，這還只是把理論先搞懂的階段，還有更多實務操作必須靠經驗去累積。

付費請專家

既然價值評估是門專業，那麼付費聘請專家，應該行得通吧？當然沒問題，我們購買基金，請基金經理團隊評估價值、買賣股票，就是這樣的方式。

然而，衍生出來的問題是，要如何判斷市場上所謂的專家，有哪些才是「真的」專家？

去年的投資績效好，就是專家嗎？怎麼知道好的績效是來自於嚴謹的投資決策流程，還是純粹運氣好？這樣的過程能夠再被複製嗎？

要判斷一個專家是否是「真的」專家，可能一樣要確認該名專家是否有充足的資訊、是否有雜訊過濾系統與評估模型、是否設有安全邊際且有耐心等待等問題。用一句大家常聽過的，就是該名專家是否有盡「善良管理人」的責任，這件事對於一般投資人來說，其難度不亞於自行評估。

如同前一點所說，真正的專家還是存在的，只是要有正確的方法找出來。

定期定額投入「長期生產力」這個標的

如果前面兩個方法，我們自認都做不到，那還可以怎麼辦呢？

還記得前一節提到，人類生產力不斷提升的例子嗎？幸好，還有「長期生產力」這個標的，只要能夠將投資盡可能地分散到全世界、多元的資產，並且給予足夠長的時間，隨著人類的科技不斷創新、追求更美好生活的過程，就可以獲得看起來不多、但其實相當巨大的投資成果。這個方式看似簡單，但其實相當需要紀律與計畫。雖然無法得到超越市場的報酬，但其實已經能勝過許多人。至於什麼才是充分的分散、足夠的時間，在下兩節會有更詳細的說明。

重點回顧 ▶▶▶

① 總體面的價值評估，除了參考「巴菲特指標」外，還需考慮貨幣政策、財政政策、匯率等其他總體因素的影響。

② 要評估單一公司的價值，最難的是評估「預期現金流」及「合理折現率」，不僅要蒐集量化的資訊進行分析，還要考量一些質化因素。

③ 專業的評估價值流程，包括充足資訊、過濾雜訊、評估模型、安全邊際、等待時機。

④ 要找到真正的投資專家，同樣需要類似的專業評估流程。

⑤ 如果能夠做好規劃、紀律執行，那麼即使不具備價值評估的能力，只要投資「長期生產力」這個標的，同樣能獲得巨大的投資成果。

第四節　D（Diversification）：充分的分散

這一節將說明「充分的分散」這件決策要素，投資決策需要考量「分散」這件事，在「QVDT」投資組合原則中，「分散」並不像其他的條件有比較直接的聯想。「品質」、「價格」、「時間」都跟我們生活上有所關聯，但關於「分散」，就必須先理解一些前提條件才能清楚。例如分散對投資的影響到底是什麼？了解這點，才能知道「分散」的重要。接下來先說明什麼是「充分的分散」，再來討論為什麼需要關注「充分的分散」這件事，最後則是說明如何做出「充分的分散」及調整「再平衡」的問題。

 ## 什麼是充分的分散

想像一下，我們想在台灣本島外的一個海島上發展事業，擺在面前的發展方向有兩個，一個是經營雨傘事業、一個是經營度假村。如果只能選擇一個事業經營的情況下，會有什麼樣的狀況呢？如果我們經營的是雨傘事業，當雨季或颱風季來臨前後，業績應該是會正向成長。但如果是觀光季、旅遊旺季時，在這比較不太下雨的時候，可能就業績慘澹。另外一種狀況是，我們經營的是度假村產業，在觀光季、旅遊旺季時，業績是正向增長，雨季、颱風季時，反而就少有旅遊人潮而收入驟減。

因此我們會發現，經營單一事業體時，經營狀況起伏會比較大，受到特定因素影響也越大。經營事業本身也是屬於一種投資，就像投資股票或債券一般，投資股票就像是擁有事業的一部分、投資債券就是成為債權人。只要做投資，會需要關注經營狀況、展望、影響因素等。所以一旦開始投資，就會發現投資標的也受到各種因素影響，因此投資標的越單一，上下起伏就會越刺激。也就是說可能投資報酬特別好與特別差的範圍區間比較大（註1）。

假設想要在這海島投資事業上取得一個折衷，可以將資金均分，一部分經營度假村，另一部分經營雨傘事業。這時會有什麼影響呢？我們會發現，無論是雨季或旅遊旺季，報酬會下降，虧損也會下降，當發生各種事件時，都比經營單一事業有更平穩的回報，但相對來說獲得高報酬的可能性會下降。但如果在意的不是獲得高報酬，而是一個足以滿足我們需求的報酬呢？這樣的策略就可以讓我們更有辦法投資或者經營下去，不至於在某些事情發生的時候，無法繼續投資或斷頭而讓目標無法達成。

為什麼要關注充分的分散

考慮風險與報酬之間的關係

　　在投資上往往都會面臨到一個課題，這個課題叫做「**不確定性**」，我們對投資結果是無法 100％ 確定的，如果能夠確定的話就不叫投資了，而該稱作預言。也因為**投資有「不確定性」**，必然會有無法確定期望結果的風險，所以需要考量每一個投資決策到底背負什麼風險？這些風險自己是否承擔得起？冒著什麼風險去獲得符合預計的報酬？如何藉由調整投資組合來應對風險？簡單來說，考慮「分散」這件事，就是在調控承擔的風險與預期獲得的報酬。

　　承擔風險會給我們帶來獲得更高報酬的可能性，這並不是必然，而是「有可能」。也因為如此，**敬畏風險的存在，預期在每個人不同的目標與財務狀況下，承擔自己可能承擔的風險，以追求自己需要的合理報酬。**

　　假設小方的退休金目標需求在 2,000 萬元，依小方的財務目標與財務現況，只需要搭配低風險、低報酬的投資組合，例如現金與債券的搭配，那麼就沒有必要全部投入股票這個選項。如果全部投入股票，反而可能讓退休金的預期範圍變成 1,500 萬到 2,000 萬元的區間的

話，那麼萬一最終投資結果落在 1,500 萬元，就可能對小方的退休生活產生衝擊。所以我們都需要思考，冒著這樣的風險去追求更高報酬的可能性，到底是否必要呢？

理解不同的資產類別差異

（1）股票：從歷史上看，股票在各種資產類別中報酬最高，但上下起伏的波動風險也最大。因此投資時間如果越短，越可能看到驚人的高報酬與可怕的負成長。但隨著時間，就可以看到複利的魔力在股票上作用。從前面篇章第 51 頁「1802 年 1 月至 2021 年 12 月的實際報酬指數」這張圖所示，經歷了 219 年，股票以一塊錢變成了2,334,900 元，並且這是去除通膨處理的金額，如果是現在的金額相當於接近 1.3 億元，這時都格外希望祖先有幫我存這一塊錢買股票，但前提是買整個市場而不是壓單支。

（2）債券：債券通常比股票波動性來得小，報酬的波動起伏也比較趨緩。舉例來說，如果投資一間公司成為老闆或股東（股票性質），正常狀態下這風險會比單純借錢給一間公司來得高（債券性質）。成為老闆或股東，其獲利及虧損的範圍比較大。而借錢給公司成為債權人的話，有比較穩定的回報，但公司更賺錢時也不會比股東來得多，公司出問題卻也比較不用那麼擔心。因此，持有債券確實會有較低的風險與看起來穩定的報酬。但也留意這個市場有所謂的「高收益債券」（垃圾債券），他看似提供了比一般債券更高的報酬，甚至可能高於某些股票報酬。但其實它的原理類似高利貸，為什麼有一個人跟你借錢願意支付你高於有些管道的利息呢？是不是可能本身會有比較多的問題？

（3）現金及約當現金：包含了儲蓄存款、國庫券（註 2）、貨幣市場基金（註 3）等。原則上虧損可能性非常低，流動性也較強，但相對報酬比較低。因此我們主要會擔憂「通脹風險」。有可能投資報酬跟不上通貨膨脹，隨著時間的推移反而讓資金的購買力下降。

（4）**其他資產類別**：這個類別其實是三大資產類別外的其他類別，包含房地產、貴金屬和其他商品等。不同的資產類別都有它的特性，因此除了長期的報酬率不同外，也都有特定的風險需要留意。

（5）**理解不同的資產類別可以建立投資組合**：就像一開始提到的海島事業故事，如果依據目標做好持有不同資產類別的投資組合，可以較確定需要的報酬及避免讓自己承擔不需要的風險。因為每種資產類別的特性和風險不同，可以得到較平穩且適合自己目標的回報。

如何充分的分散

投資世界、區域、國家的生產力組合

要做到分散的前提是，理解前面篇章說明過的生產力向上發展的概念，並且投資的標的範圍越大，面臨到的風險也越小。就像投資台積電與投資 0050 面臨的風險還是不一樣（雖說台積電影響很大），投資 0050 與 VT 承擔的風險與報酬也不同。

配合目標調整投資組合的比例

下表是針對情境或目標而投資的持有期間等因素考量，所列出的組成投資組合標準，實際上執行會有些微的彈性調整空間，彈性調整需要視個別家庭的狀況及市場趨勢來決定，但這是非常重要的準則。

適用情境或持有期間	目標報酬率	股票與其他資產類別（主要是債券）占比
1~3 年、退休	3%	30% / 70%
3~5 年、退休	4%	50% / 50%
5~7 年	5%	70% / 30%
7 年以上	6%	90% / 10%
10 年以上	7%	100% / 0%

如何組成多元資產類別的配置

由於組成多元資產類別不是一件容易的事，可以自行買入股票及債券或其他資產類別組成，但這樣很難足夠分散，買賣可能也讓你頭痛。因此，會比較建議持有共同基金或指數股票型基金（Exchange Traded Funds，以下簡稱 ETF），會更容易達成多元化的目標。

再平衡調整投資組合的需求

隨著投資的進行，你的投資組合中的標的，會呈現不同漲跌幅度的狀態，在這種狀況下，就無法維持原本設定的比例，像是股票漲、債券跌的話，比例就會有變化。另外一種情形是，隨著目標改變或接近，例如退休期到了，原本的收支狀況就產生變化，可能因為主動收入減少或年紀增加，更無法承擔市場波動帶來的風險，這時就需要改變資產配置，像是由股票占比較高的投資組合轉換成股票占比較低的投資組合。而需要注意的是，不要因為標的在市場不同時期的熱度，如這陣子房地產很熱就提高房地產的投資比例，而去調整組合，這會失去分散的意義。

所以單純只做好資產配置分散風險的話，仍然會有很多問題需要注意，隨著時間推進，還需要再進行**「再平衡」**的策略才能達到財務目標。關於「再平衡」，將在第六節詳細說明。

重點回顧 ▶▶▶

① 理解分散帶來的效益與影響，是為了讓我們因為要達成目標的原因，而去承擔自己可以承擔的風險，追求達成目標是適合自己的報酬。

② 了解不同的資產類別特性，並理解可以互相搭配成組合帶來的效益。

③ 知道根據目標、現況、持有期間來組成投資組合比例的概念，並且因此而需要調整資產類別及再平衡。

附註

1. 標準差：標準差是在投資上判斷投資標的或投資組合的指標，如果標準差越大，表示報酬不穩定的可能性也越大。假設 A 與 B 兩個投資組合平均報酬率都是 5％，但 A 投資組合最低報酬與最高報酬的範圍是 -5％ 及 15％，B 投資組合最低報酬與最高報酬的範圍是 0％ 及 10％，則 B 投資組合報酬較穩定，但同時也減少了波動風險，獲得更高報酬的機會。所以要觀察的不是報酬越高越好，而是適合的投資策略及承擔了什麼風險。

2. 國庫券：國庫券是政府發行的一種債券，目的是為了控制國家的收支平衡，並以國家財政收入作為還款保證，因此違約的可能性很低，流動性強，但報酬率也會比較低。

3. 貨幣市場基金：貨幣市場基金是指主要投資在定存單、國庫券、政府短期債券等標的，具有風險較低、流動性較強特性的基金。

第五節　T（Time）：足夠的時間

正確投資架構的第四個原則，是足夠的時間。前面曾提及，只要能夠規劃好時間，中間即使市場起起伏伏，都還是可以得到相當不錯的報酬。

我們都知道複利有強大的威力，但究竟有多大？在漫長的等待當中，又有什麼事情是執行過程中要避免的？要怎麼做才能克服心魔，紀律執行呢？

時間複利的威力

根據前面篇章「1802 年 1 月至 2021 年 12 月的實際報酬指數」這張圖所示，在 1802 年投資一美元在股市中，經過 220 年後，其價值相當於 1802 年的 2,334,990 元。

換句話說，假設這段期間的平均通貨膨脹率為 2％，代表股市的年化報酬率是 6.9％ +2.0％ =8.9％，經過 220 年，會是多少元呢？

答案是 140,001,776 元，也就是 1.4 億元！

再看另一個例子，目前美國的道瓊工業指數約莫是 30,000 點，但是該指數在 1896 年成立的時候，是多少點呢？其實是 40 點而已，而且目前的 30,000 點是除息後的結果。如果在這段期間，將配息再投入的話，投資報酬率大約是 174,000「倍」。

這個數字看似相當驚人，然而這段時間的年化報酬率，也不過就是 10％左右而已。

從這兩個超長期的例子來看，驗證了「長期生產力」持續提升的過程，投資股市會帶來一定的投資報酬率，經過長時間的複利效果，達到令人難以想像的結果，就宛若我們難以想像 100 年，人類的生活又會進步到什麼樣的程度。

要得到這樣的投資成果，最難的並不是如何挑選標的，而是要持續投入在股市當中。

不要擇時進出

或許有人會想，如果可以在投資的期間內，嘗試賣在高點，然後在低點買回，這樣是不是會更提高報酬率，更快達成目標呢？

引用美國指數基金顧問（Index Fund Advisors）網站的研究，在 2002 年 1 月 1 日到 2021 年 12 月 31 日的這 20 年期間，總共有 5,036 個交易日，如果我們擁有預測未來的水晶球，得以避過期間表現最差的 10 個交易日，結果會是如何呢？

以期初投資 10,000 元、投資於美國標普 500 指數來計算，結果如下：

	期末金額	年化報酬率
買入並持有	61,379	9.50％
避開 10 個最差交易日	135,581	14.33％

然而，如果是錯失期間 10 個最佳的交易日呢？

	期末金額	年化報酬率
買入並持有	61,379	9.50％
避開 10 個最差交易日	135,581	14.33％
錯過 10 個最佳交易日	28,138	5.31％

另外根據美國投資人研究機構「DALBAR」的數據，在 2000 年到 2020 年的 20 年間，股票型基金投資人嘗試在期間判斷高低點、買進賣出的結果，得到的年化報酬率是 5.96％。而買進並持有全球分散的指數型基金組合，年化報酬率是 8.29％。每年 2.33％的差距，累積 20 年下來，每一萬元就會相差 17,351 元！

	期末金額	年化報酬率
基金投資人	31,830	5.96％
買進並持有	49,181	8.29％

也就是說，如果一位 40 歲的投資人，每月投資一萬元，希望作為 60 歲起的每月退休金。那麼每天盯著市場消息，嘗試買進賣出的結果，平均每月可以有 31,830 元的退休金；但比起買進後什麼都不做、可以獲得 49,181 元來說，每個月還少了 17,351 元，20 年下來就會少了 416 萬！

嘗試判斷高低點的投資人，損失的不只是 416 萬元，還有期間花費許多時間研究，也必須承擔過程中更多的情緒波動與壓力。

這樣的結果，會是我們期待的嗎？

 ## 時間越長，股市的不確定性反而越小

再來看一個極端的例子。

1987 年 9 月底，由於市場大好，股市看不到任何經濟疑慮，於是大雄與哆啦 A 夢討論著是否要進場購買股票。

大雄決定不去猜測市場，立即開始投資 S&P500 指數。而哆啦 A 夢比較聰明，他乘著時光機，看見在 1987 年 10 月 19 日，會發生金融歷史上著名的「黑色星期一」，當天美國各大主要指數都下跌了超過 20％。因此，哆啦 A 夢決定在 1987 年 10 月底才開始投資。

下表是兩人投資 1、3、5、10、20、30 年的年化報酬率：

	1年	3年	5年	10年	20年	30年
哆啦A夢	13.5	10.1	14.5	17.5	12.1	10.6
大雄	-13.2	1.8	9.1	15.0	10.7	9.6
差異	26.7	8.3	5.4	2.5	1.4	1.0

在投資只有一年情況下，兩人的年化報酬率相差超過 20%，但是我們可以看到，隨著時間拉長，年化報酬率的差異就越來越小，若期間長達 30 年，差距甚至只有 1%！

也就是說，時間越短，股市的表現就越不可測；時間越長，股市的表現就越容易猜測，這也是為何正確投資架構的第四個原則，會是足夠的時間，而且是要完整的**投入在市場的時間**，而不是**擇時進出**。

紀律執行定期定額，分散投入時點

幸好，黑色星期一不會每月都發生。就算三不五時投資市場就要來個大震盪（這件事常常發生），只要相信人們的生活會比現在更好，長期投入符合「Q、V、D」原則的投資組合，就可以帶來一定的報酬。

如果了解這點，該做的就是擬定好人生計畫，以終為始，按照第二章所說的五步驟規劃好人生藍圖，依此來打造「目標導向投資系統」。開始投資後，不要過度關注投資市場的消息，要關注的是自己的生活是否符合規劃時的想像、是否依每年擬定的預算打造自己的理想生活、是否依目標時間長短選定合適的投資組合等，讓人類的長期經濟成長幫助我們更快、更輕鬆達成目標。

從前面大雄與哆啦 A 夢的例子來看，不擇時進出、買進並持有、分散時間點，能做到這三項的投資人，其投資成果並不會輸給時光機太多，這是多麼讓人欣慰的事啊！原來，就算沒有時光機，只要依照「目標導向投資系統」的步驟設計、持續執行與檢視，也能取得相當豐厚的投資成果。

最簡單也最困難的「T」

《龜兔賽跑》的寓言故事，相信大家都不陌生。烏龜知道自己走得慢，而且時間有限，因此看清楚終點線位置，規劃好路徑，一步一步勤懇地往終點邁進。寓言故事告訴我們要當勤勞的烏龜，然而當人們的貪念一起，想著賭對一把就可以財富自由、最好下個月就可以把老闆炒魷魚時，往往沒意識到自己已經變成了兔子，「欲速則不達」。

每月能夠定期定額不中斷，背後是來自：

（1）清楚知道目標需要多少，目前投資這樣的金額相當足夠。

（2）知道如何因應條件改變、時間推移，適度調整投資組合。

（3）先存後花，編列生活支出預算。

（4）保險買對、買夠，不超過合理預算，投資不至於因為意外而必須中斷。

（5）有足夠的緊急預備金。

（6）清楚並且相信投資「長期生產力」的邏輯。

能夠做到以上這些，就不需要去判斷現在整體股市是高點還是低點，因為知道雖然過程會有起伏，但是長期來看，今天的低點會是過去的高點，今天的高點會是未來的低點。

也不需要去特別研究某個產業、某個公司，因為相信在投資充分

分散的情況下，當中必然有某些公司會在未來脫穎而出，帶領人類邁向更美好的生活。

 ## 用目標時間長短來決定投資組合的風險

第一章第六節提過，可以下表來作為資產配置，同時搭配單一目標或是大水庫的管理方式：

適用情境或持有期間	目標報酬率	股票與其他資產類別（主要是債券）占比
1~3 年、退休	3%	30% / 70%
3~5 年、退休	4%	50% / 50%
5~7 年	5%	70% / 30%
7 年以上	6%	90% / 10%
10 年以上	7%	100% / 0%

註：1 年以內以存款準備

然而如果是保守的投資人，在有相同目標時間的情況下，是可以考慮減少股票的比重，但不建議完全不持有股票，因為股票才是長期來說真正的抗通膨利器。如果期間夠長，即使不願意 100% 持有股票，但也應該要有 70% 以上，讓資產適度成長。

最保守的情況（如下表）：

適用情境	目標報酬率（費用後）	股債比
3~5 年、退休	3%	30% / 70%
5~7 年	4%	50% / 50%
7 年以上	5%	70% / 30%

註：3 年以內以存款準備

但也必須知道，在承擔較少風險的情況下，相同期間可以拿到的目標報酬率相對較低，所以就必須提高投入的金額（增加收入或降低支出），或是降低目標的需求（例如：降低退休生活品質）。

不論如何選擇，只要擬定好計畫，依照想過的理想生活開始設計「目標導向投資系統」，千萬不要因為市場情緒、旁人耳語，而更動目標報酬率和調整資產配置。

財務目標　➤　目標報酬率　➤　資產配置　➤　風險承擔

此時只要將關注的目光從市場消息轉回財務規劃，確保收支沒有失衡、緊急預備金或保險足以應付多數的意外狀況，只要繼續有紀律地執行原有的投資計畫，甚至有多餘資源能夠加碼，就能一步一步朝理想的生活邁進。

重點回顧 ▶▶▶

① 複利威力非常強大，但重點是投入在市場的時間，而不是擇時進出。

② 時間越長，股市的不確定性反而越小。

③ 依照「目標導向投資系統」的步驟設計、持續執行與檢視，把目光放在投資以外的規劃執行上，像是目標設定、收支預算管理、緊急預備金管理、風險管理等，才是能夠紀律執行的重要關鍵。

④ 依照目標時間長短，選擇合適的資產配置，即使非常不想冒風險，也不建議完全股票空手，因為股票才是長期來說真正的抗通膨利器。

第六節　再平衡：投資組合的調整

依照第一章的五大步驟，決定好「目標導向投資系統」中的人生規劃藍圖及資產配置比例，再依照前面四節所述的「QVDT」原則，為資產配置挑選合適的工具執行後，就可以完全不動了嗎？

當然不是。決定資產配置比例的最重要因素，是距離目標達成的時間，而隨著年紀增長，時間當然是會變動的，人生在累積期、屆退期、退休期的資產配置都不相同，必須隨著時間經過而逐步調整。

另外，一開始建立的投資組合，隨著投資標的市價的變動，也會導致資產配置比例偏離原先的配置，因此需要調整，稱為「再平衡」。

◗ 再平衡的調整方式

舉個簡單的例子，假設決定好的資產配置比例為股債比 70/30，若整個投資組合市值為 100 萬元，就代表一開始的時候，要配置 70 萬元的股票及 30 萬元的債券部位。

經過一段時間後，股票市值上漲至 85 萬元，而債券市值下跌至 25 萬元，此時就要賣出 8 萬元的股票，買進 8 萬元的債券。（如下表）

	初始配置	最新市值	應配置	調整內容
股票	70 萬	85 萬	77 萬	賣出 8 萬
債券	30 萬	25 萬	33 萬	買進 8 萬
總市值	100 萬	110 萬		

再平衡的頻率

然而，投資部位的市值，除了周末假日外，每天都在變動，所以要每天執行再平衡嗎？如果不是，那麼要多久執行一次再平衡呢？實務上，有兩種選擇方式：「定期再平衡」與「偏離率再平衡」。

「定期再平衡」，是設定一個固定期間，可能是一季、半年或是一年，只要再平衡的時間到，就執行再平衡。比方說，在 1 月 1 日首次建立部位，設定每半年再平衡一次，就要在每年的 1 月 1 日及 7 月 1 日都執行再平衡的動作。這種方式的好處是，每個期間之中不太需要去關注市場，只要時間到的時候執行就好。壞處則是，若期間遇上市值大幅波動，股債比例可能會偏離好一陣子，甚至已經大幅偏離了，才執行再平衡。

「偏離率再平衡」，是設定一個偏離率，達到偏離率時才進行調整。比方說，一開始的股債比例是 70/30，設定偏離率 5％時才執行再平衡。也就是說，當股債比例來到 75/25 或是 65/35 時，才需要執行再平衡。這種方式的好處，能隨時掌握股債比例，不至於偏離太多；壞處則是要花時間關注市場行情，當市場大幅波動時，也可能要在短期內執行多次再平衡。

至於哪種頻率、哪種方式較好？實務研究上並無定論，唯一確定的是，有執行再平衡會比沒有執行來得好。

為什麼要做再平衡

當持有期間股票上漲、債券下跌，再平衡必須賣出股票、買進債券，反之亦然。所以有人會說，再平衡就是一個可以「買低賣高」的策略，在「目標導向投資系統」中，執行再平衡是為了買低賣高嗎？

用 122 頁的圖來說明。在「財務目標」沒有更動的前提下，「目標報酬率」、「資產配置」、「風險承擔」都不應該有所變動，所以當資產配置的股債比例因市價變動而改變時，就要執行再平衡，回到

原先的「資產配置」。

　　所以，在「目標導向投資系統」中，執行再平衡是為了讓「資產配置」及「風險承擔」回到我們設定的區間，不承擔過高或過低的風險，才不會影響到目標的達成。

　　前面所舉的例子，有預設一個前提，就是這段期間內都沒有再投資或是提領的狀況。但是實際在執行時，如果處於工作期，還在持續累積資產，一定會有結餘的收入要繼續投入；如果已經進入到退休期，則是要持續提領因應退休支出。所以實際上再平衡會如何執行呢？

🝆 工作累積期的再平衡

　　還沒有接近退休前，多數時候是不需要調整股債比例的，此時要考慮的是當年度的結餘該如何投入。

　　最單純的方法，就是錯開再平衡與再投入的時間，這樣就不需更動每月投入的比例，依然是照股債比例 70/30 的配置投入。但這樣可能會碰到前幾天再平衡剛賣出一些股票，結果今天再投入時又要再買回來的狀況，徒增交易成本。

　　如果同時考慮再平衡與再投入，也可以這樣做。延續前面的例子，假設決定的股債比例配置是 70/30，最新總市值是股票 85 萬元、債券 25 萬元，而未來預計每月可以再投資 2.5 萬元，也就是一年投入 30 萬元。將 30 萬元考慮進資產市值後，重新計算配置，股票的金額會是 98 萬元，債券的金額會是 42 萬元，所以調整內容就會是買進股票 13 萬元、買進債券 17 萬元，相當於每月定期定額買進股票 1.08 萬元、買進債券 1.42 萬元。

	初始配置	最新市值	應配置	調整內容
股票	70 萬	85 萬	98 萬	買進 13 萬
債券	30 萬	25 萬	42 萬	買進 17 萬
總市值	100 萬	110 萬		
預計投入		30 萬		

 ## 屆退期的再平衡

假設小安目前 53 歲，預計在 60 歲時退休，依照資產配置的建議比例，目前可以採用股債比例 70/30 的配置，預計在兩年後、也就是55 歲時，改採 50/50 的配置，然後在 60 歲退休時改採 30/70 的配置。

小安預計的配置比例	
53 歲	70% / 30%
55 歲	50% / 50%
60 歲	30% / 70%

小安當然可以在 55、60 歲時直接一次調整到位，這樣的優點當然是簡單易懂，可是有一個問題需要注意，就是可能產生稅務成本。因為小安累積退休金多年，一次大量賣出時可能產生高額的資本利得，若投資標的註冊於海外，就會產生海外所得，需要申報基本所得，有可能要多繳稅。

所以，也可以採用以下較平緩的方式，慢慢調整到適當的股債比例，也比較不容易產生稅務負擔。

小安預計的配置比例	
53 歲	70% / 30%
54 歲	60% / 40%
55 歲	50% / 50%
56 歲	46% / 54%
57 歲	42% / 58%
58 歲	38% / 62%
59 歲	34% / 66%
60 歲	30% / 70%

退休提領期的再平衡

進入到退休提領期後，千萬別急著將所有投資組合賣出，只保留現金，而忽視了通貨膨脹。為了抵抗通貨膨脹，仍然必須要保留大部分的資金在投資當中，而其中的股票比例也不建議低於 30%，否則便難以抵抗通膨。

況且，雖然沒有工作收入了，但也不是一次就把退休金花光，對吧？仍然有一大部分的資產，是要在 10 年、甚至 20 年後才提領出來，所以我們仍然有足夠的時間承擔市場風險。

當然，此時的現金準備，會比工作期時大幅增加。仍在工作的期間，通常建議準備年支出的 0.5 ～ 1 倍，也就是 6 個月～ 1 年的月支出，作為緊急預備金。

進入退休後，則是建議保留 3 ～ 5 年的年度提領金額，其他資產則仍以投資為主，股票的比例不要超過 50%，但也不要低於 30%。

年度提領金額的計算，是以年度退休支出扣掉領取的社會保險年金。舉例來說，若是預估每年退休需支出 80 萬元，扣掉每月 3 萬元、每年合計 36 萬元的勞保老年給付及勞工退休金給付，年度提領金額就是 54 萬元，建議保留的現金部位就是 162 萬～ 270 萬元。

為何建議 3 ～ 5 年呢？因為短期的投資市場仍難以預測，難免遇到下跌的情形，但是在「QVDT」的原則下，必須給予些許時間回復到原有的價格。如果退休期股債配置比例採用較保守的 30/70，因為整體投資組合的風險較低，所以保留 3 年的年度提領金額就相當足夠。反之，若採用股債比例 50/50 的配置，相對需準備較高的現金部位。

再平衡的概念看似簡單，然而實際執行起來，可能比許多人想像中複雜得多。然而再平衡是執行「目標導向投資系統」中的重要步驟，所以在投資策略的選擇上，可以偏向具有自動再平衡的策略，會減少不少麻煩，這些將在本章第八節與第九節說明。

重點回顧 ▶▶▶

① 隨著投資標的市價的變動，會導致資產配置比例偏離原先的配置，因此需要「再平衡」。

② 長期下來，「再平衡」的頻率不會對投資報酬率造成影響。

③ 在「目標導向投資系統」中，執行再平衡是為了讓「資產配置」及「風險承擔」回到設定的區間，不承擔過高或過低的風險，影響到目標的達成。

④ 接近退休期的再平衡，須留意是否會有稅務成本產生。

⑤ 退休期應保留 3 ～ 5 年的年度提領金額。年度提領金額的計算，是以年度退休支出扣掉領取的社會保險年金。

⑥ 實務上亦可選擇自動再平衡的策略，降低執行複雜度。

第七節　檢視投資組合的時機

前一節提到，隨著時間的減少、市場價格的變動，需要重新檢視、調整投資組合。這樣的前提是，所有條件都與原先計畫相同，沒有發生變化，包括：目標沒有改變、收入支出沒有高估或低估、沒有預期外的收入或支出。

沒有一項計畫能夠在事先預期到所有的變動，除了時間、價格這兩個因素外，還有哪些時機適合檢視或調整投資組合呢？

 ## 目標的改變

30 歲單身的小定，原本以股債比例 50/50 的配置，準備買房的頭期款，預計購買房價 1,000 萬元。依照原本的規劃，小定可以順利在 60 歲時退休，享受退休生活。（如下圖）

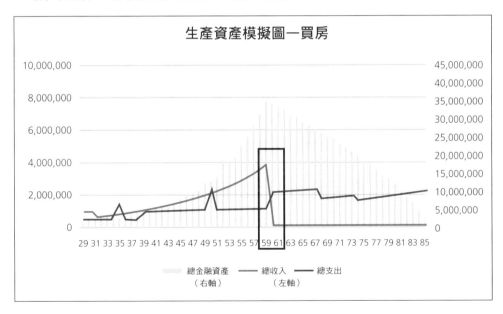

後來，小定的父母想將家中整修一番，並打算在百年之後將房子留給小定，所以小定可以不買房。若是小定沒有新增其他的財務目標，下一個財務目標就只剩下退休金了。

　　調整投資組合之前，小定想先知道，如果不買房的話，可以因此提早多久退休，來決定新的投資組合比例。如下圖，經過試算後，小定可以提前四年、在 56 歲時退休。因此，小定的目標期間，就拉長到 26 年，可以選擇 100％股票配置，如果想要保守點，至少也可以用90/10 的配置。

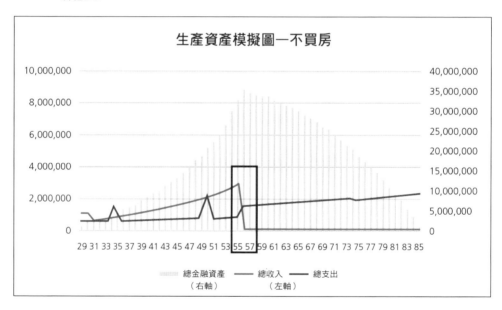

　　這裡隱含了一個重要的概念，稱為「機會成本」。以上面的例子來說，30 歲的小定如果要買一間 1,000 萬元的房子，他是以晚四年退休的成本來交換。有了這樣的機會成本，就可以依照自己的價值觀做決策，有的人可能會覺得只要晚四年退休，就可以擁有一間自己的房子，很划算；也有人會覺得寧可早點退休，也不想買房。

　　所以，在實務上，我們的客戶會在一些預期外的人生選擇出現時，先跟財務顧問諮詢，了解新決策的機會成本，再決定是否要調整

人生規劃。

　　當然，有時候很多人生意外是容不得我們事前做選擇的，例如：想生一個孩子，卻懷了雙胞胎，隨之而來的生活費、教育費都會大幅增加；疫情或是車禍意外，讓家裡頓時失去經濟支柱。不論是怎麼的狀況，都可以透過以下幾種方式調整：

1. 收入調整

2. 支出調整

3. 目標時間調整

4. 目標金額調整

　　而透過完整的人生規劃模擬，可以幫我們清楚地畫出需要調整的界線，方便做決策。以前面小定的例子來說，如果不買房，除了可以早四年退休外（目標時間調整），也可能是：每年可以多出國一趟（增加現在的支出）、每月退休金多 10,000 元（目標金額調整）；或者也可以混合搭配，結果會是早兩年退休加上每兩年多出國一趟。

　　透過這樣的方式，一旦預期外的情況發生，可以找到對生活模式衝擊最小、效益最高的調整方式。確認調整方式後，才進行投資組合的調整。

大額意外收入支出

　　「去年業績表現不錯，今年多領了 20 萬的年終獎金，該怎麼分配呢？除了留一部分犒賞家人外，剩下的該提前還房貸好？還是加碼投資？」

　　從理性上的角度分析，多數時候房貸的利率低於長期投資的報酬率，所以提前償還房貸一定是比較差的選擇。不過，如果是以下兩種人，提前還房貸也不是不行：

1. 打從心裡不喜歡欠錢的人。

2. 沒有事前規劃、缺乏投資紀律，那麼提前清償房貸的風險可能比較小一點。

最後，一次 20 萬元看似一筆很大的金額，但是以整個人生的角度來看，多數時候不會造成決定性的影響，所以遇上家裡從小就教育不能欠錢的人，提前清償也無妨，畢竟此時心理的成本是比較高的。

「親愛的家人生了場重病，我必須負擔 20 萬醫藥費，這筆錢該怎麼來？會影響到未來的計畫嗎？」

當下，當然是要先從緊急預備金支出，但可能就必須暫停投資，將每月的結餘先用於補充緊急預備金。但至於要不要調整規劃內容，倒是沒有一定，因為這樣的影響，可能只是晚兩個月退休。所以是否要立即調整，必須視對整體規劃的影響而定。

殖利率倒掛，要賣出嗎？

本書完成之際，受到疫情解封、俄烏戰爭的影響，造成全球通膨嚴重，美國聯準會強力升息，造成美國國債的殖利率出現「倒掛」。

「殖利率倒掛」指的是長期債券的殖利率低於短期債券，市場上大多關注的是十年期與兩年期之間的利差。一般而言長期債券的信用風險與價格風險較高，所以正常情況下，長期債券的利率應該要高於短期債券。當長期債券利率低於短期債券時（也就是倒掛），代表著市場預期未來的某個時間點，聯準會將再重啟降息政策，也意味著新一輪的危機可能將產生，所以聯準會才要降息因應。

下表整理了自 1976 年 6 月以來，6 次曾發生殖利率倒掛的時間，與經濟衰退實際發生的間隔，時間範圍廣達 7 到 33 個月，平均是 18.5 個月，這表示雖然現在殖利率進入倒掛的狀態，但還不會立刻發生衰退的情形。

倒掛時間	衰退時間	間隔(月)	倒掛時指數	衰退前時間	報酬率*
1978.08	1980.01	17	103.92	107.94	3.87%
1980.09	1981.07	11	124.88	131.21	5.07%
1988.12	1990.07	19	271.81	358.02	31.72%
1998.06	2001.03	33	1,113.86	1,239.94	11.32%
2005.12	2007.12	24	1,265.08	1,481.14	17.08%
2019.08	2020.03	7	2,932.05	2,954.22	0.76%
2022.07	?	?			

*指數為S&P500指數，不含股息再投入

在這段期間，S&P500指數都是上漲的，不含股息再投入的報酬率，甚至有高達31.72％！這樣的結果其實也算合理，因為通常這段時間是屬於景氣擴張的末期。所以，看到殖利率倒掛就擔心衰退將立刻發生，而調降甚至出清股票部位，從歷史的經驗來看，可能不是太理智的行為。

換個角度，我們重新看看上面那張表的「倒掛時指數」一欄，由上往下看，有發現什麼嗎？是的，S&P500指數越來越高了。儘管期間發生了多次衰退，股價仍依循著人類進步的腳印前進，再次印證了「過去的高點就是今日的低點，今日的高點就是未來的低點」。

我們不需要去臆測殖利率倒掛後多久會發生衰退、股價大跌。相反地，或許可以比預期存下更多的錢，做好準備，當經濟衰退真的發生時，就會是加碼的好機會。

🫧 大通膨時代，需要配置抗通膨資產嗎？

每當物價連續上漲、通貨膨脹率較高的時候，所謂的抗通膨資產就躍上檯面，搶占各大金融版面，熱門的資產包括黃金、房地產等。所以，當通膨來臨時，需要調整、增加購買所謂的抗通膨資產嗎？

還記得前面篇章第 51 頁中，「1802 年 1 月至 2021 年 12 月的實際報酬指數」這張圖嗎？從美國 220 年的歷史來看，持有現金確實被通膨影響，1802 年的一美元，若什麼都不做，能購買的東西只剩下0.043 美元，購買力只剩下 4.3％。

如果是購買黃金呢？經過 220 年，也只能購買 4.06 美元的物品，確實有抗通膨效果，但充其量也只是跟通膨一樣，沒有增值的效果。黃金的短期走勢確實可能受到貨幣政策、通膨預期而有大幅上漲的可能，但是長期終將回歸期合理的價值。

股票才是長期能抗通膨、甚至擊敗通膨的重要配置。試想，當商品或服務價格上漲時，最終的獲利會是誰拿走了呢？一樣是販售商品或提供服務的公司，所以公司獲利上升，帶動股利增加或是股價上漲。

做好股票與債券的配置，其實本身就隱含了「擊敗通膨」的概念，所以當然不需要為了抗通膨，而去調整投資組合。

🫧 檢視的目的：再次聚焦，重新調整

綜合本節所述，除了每年定期檢視外，如何判斷何種狀況是需要檢視的時機？還是用下面這張圖來做說明：

財務目標 ▶ 目標報酬率 ▶ 資產配置 ▶ 風險承擔

如果對於達成財務目標的計畫沒有任何改變，就表示不需要調整目標報酬率，當然也不需要調整資產配置，像是殖利率倒掛、通貨膨脹等市場因素，可以視為投資過程的雜訊。反之，若目標改變、收支狀況改變等會影響目標的達成，連帶影響目標達成時間時，就可能需要調整資產配置。

　　上一節提到投資組合再平衡的重要性。而「目標導向投資系統」先擬定好人生的規劃，找到現在與未來的平衡點，據此決定投資組合。一旦有預期外的人生事件產生，造成規劃失衡，就必須重新檢視，找到新的平衡點，為人生規劃執行再平衡，精準將人生中的資源，投入在未來期待的美好生活上。

　　檢視投資組合的過程，並不是要批判或檢討：為什麼花超過預算的錢？為何沒有好好依照計畫提高收入？老闆多發一筆獎金，怎麼沒有加碼投資，而是糊里糊塗就買了車？

　　還記得第二章從地球發射火箭到月球的例子嗎？檢視的目的，是讓我們再次聚焦在夢想與目標上，思考生活、夢想與金錢之間的關係，接著重新運用、調整資源，讓每一分金錢與時間，都能夠「精準投資」在最想過的生活上。

重點回顧 ▶▶▶

① 目標、收支等狀況的改變，需重新檢視調整計畫，並視情況調整投資組合。

② 人生規劃再平衡的順序，優先於投資組合的再平衡。

③ 任何嘗試預測短期市場走勢的指標、事件，都應視為市場的雜訊，不需要為此調整資產配置的比例。

④ 做好股票與債券的配置，其實本身就隱含了「擊敗通膨」的概念，不需要為此特別購買「抗通膨」資產。

⑤ 檢視投資組合是重新聚焦夢想與目標的過程，而不是檢討對錯、抓戰犯。

第八節　QVDT架構下生產力基礎主動投資策略

延續先前提過「QVDT投資組合原則」下，接下來會用三個篇幅討論建議使用的三種策略架構。本節將討論「生產力基礎主動策略架構」，以及構成這個策略的兩個步驟及觀念，並理解它跟「QVDT投資組合原則」之間的關係，對我們的財務又有什麼影響？接下來可以如何執行呢？

什麼是生產力基礎主動策略架構

「生產力基礎主動策略架構」跟多數人認知主動基金投資型態不太一樣。一般主動基金投資型態，多由一個基金經理人帶著研究員做投資研究，只要符合法律跟各種規定，主觀上比較可以彈性組成自己風格的投資組合。在這種狀態下，很可能除了成本較高昂外，經理人也容易受各種非投資因素影響做決策，如主管、外部誘惑、同儕壓力、專長、喜好等因素影響，投資績效也不見得比較好或者穩定。

「生產力基礎主動策略架構」在投資組合上，**會先打造固定的架構型態**，才賦予經理人有一些戰術調整的空間，但經理人沒有權限改變原本設定的主要架構。這是在考慮過生產力的架構下，才賦予經理人或團隊主動調整的彈性。而這是由以下兩個步驟建立而成：

分散及股票導向的長期組合

在之前的章節提過，投資的本質是「生產力」，而生產力的先驅資產類別就是股票，隨著時間越長，股票的報酬率也越驚人，但同時伴隨的是波動性比較高。所以我們才需要搭配不同的資產類別，配合持有組合的時間長短，打造最符合自己目標跟財務狀況的投資組合。

至於使用什麼資產類別來組成投資組合呢？建議以下列四種資產類別作為核心資產，**「股票」、「債券」、「不動產」、「現金及約**

當現金」，因為不高度相關但具備生產力的資產類別，更具備成長且分散風險的效益。若是無法確定會帶來生產力的資產類別，本身的價格是來自於市場認知，這種類型不建議現在成為配置的選項。

如現在多數的加密貨幣，在還未明確帶來生產力變革跟產出時，價格會接近人們的想像，不代表本身具備很高的價值。我們只要配置好要使用的資產類別組合，接著再依股票的比例來做調整，就可以貼近我們要達成目標的持有期間。若持有期間越短，則股票外的比重建議增加現金比例。如果持有期間只有一年，最好全部持有現金或約當現金（一年內可以變現的定存單、國庫券）。

適用情境或持有期間	目標報酬率	股票與其他資產類別（主要是債券）占比
1~3 年、退休	3%	30% / 70%
3~5 年、退休	4%	50% / 50%
5~7 年	5%	70% / 30%
7 年以上	6%	90% / 10%
10 年以上	7%	100% / 0%

同時在四大資產類別的選擇上，需要以分散為前提，最好是不單投資產業或國家的資產類別，盡量選擇分散世界標的，不要單純因為看似不錯的報酬率以及匯率考量（如美國、歐洲、日本各海外市場），就做出集中投資的決定。就連大多數人擔心的匯差風險，其實更能幫助達到分散風險的效果。外匯價格波動只要與其他資產類別不存在高度的相關性，就可以協助降低長期投資的波動風險。因為每個人的目標與財務狀況不同，如果只在意報酬率或匯差，發生意外時就可能對投資結果與財務產生不好的影響。

以投資目標打造投資組合

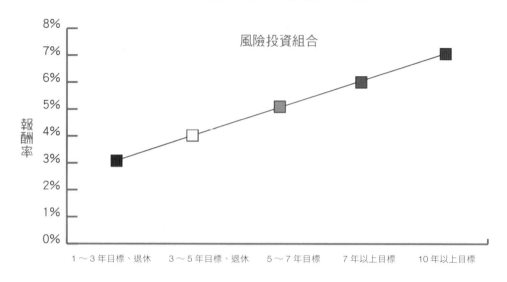

報酬率

風險投資組合

8%
7%
6%
5%
4%
3%
2%
1%
0%

1～3年目標、退休　　3～5年目標、退休　　5～7年目標　　7年以上目標　　10年以上目標

以三種投資因子做主動策略調整

第二個階段我們將以第一階段當基底架構，來做出彈性調整的戰術策略。但因為有前面架構作為基礎，主動調整的比例盡量不要讓股票有超過 15％的比例不同，如預計持有 5-7 年，股票比重為 70％卻減少為 55％，就可能對目標產生影響，增加比例的概念也是一樣。

而我們主動調整的策略需要怎麼做呢？要考量什麼要素？這時的投資判斷需要觀察「決策」與「結果」間的關係，這樣才知道決策的影響，以及修正自己的判斷：

1. 投資長期因子：判斷循環及貨幣與財政政策間的關係

如國家發行 100 億美元的貨幣，貨幣背後一定要有可以兌換的實際產品或服務，但因為盤根錯節的金融機構、政策、借貸、國與國之間的關係等，會讓人難以認定判斷貨幣與產出是否對等，100 億美元的貨幣也許不會等於 100 億美元的產出。又因為信用可以擴大、債務可以延後，更讓人難以意識到危機的來臨。就像一個人借錢，還款時

他可以跟別人再借，但如果一個人借無可借，自己無法創造更高的收入，又無法負擔還款時，會不會有骨牌效應發生呢？而這判斷複雜，卻又不得不考慮。

2. 投資中期因子：判斷標的外在價格與內在價值間的關係

其實這個判斷就是「安全邊際」（註1），換句話說，「你付出的是價格，你得到的是價值」。我們難以預計對標的的投資，能確定有多少回報？又有多少因素需要評估？在面對不確定的因素時，需要考慮有沒有承擔風險的能力，白話來說需要考量「最糟糕的結果承擔得起嗎？又是否願意承擔」？就像一個人用 100 萬創業，如果能力越強、更能有計畫及評估可能面對的風險，就更有機會創造遠遠大於 100 萬的價值；但如果能力很糟、只出一張嘴，投資出去的 100 萬打水飄的機率就更高了。本章將在第十節將對「安全邊際」有更詳盡的說明。

3. 投資短期因子：判斷買賣雙方對市場的反應與心理因素

時間越短，投資標的結果就越不受到中長期因素的影響，而是取決於市場心理因素的走向，這時特別容易受到消息面、人的不理性所影響，只要有人覺得投資標的 100 塊買入，有人覺得 100 塊要賣出，這筆交易就會成交。如假設市面上有台積電將在屏東農科設廠的消息，周邊房屋價格就有可能從 1 坪 10 萬的共識變成 1 坪 15 萬的共識，長期需要時間來證明真的值這個價，但越短期只要同時很多人相信，就會推升價格，又吸引另外一波人相信，直到成真或破滅為止。

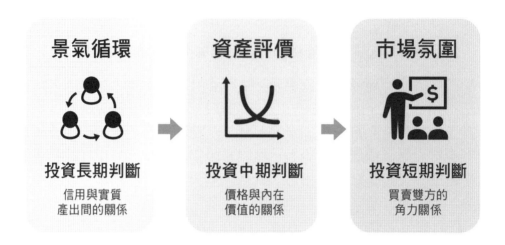

投資決策因子

景氣循環	資產評價	市場氛圍
投資長期判斷	投資中期判斷	投資短期判斷
信用與實質產出間的關係	價格與內在價值的關係	買賣雙方的角力關係

「生產力基礎主動策略架構」符合「QVDT 投資組合原則」的比例範圍

　　「生產力基礎主動策略架構」在「QVDT 投資組合原則」的範圍中，屬於特別重視**足夠的時間（Time）**及**充分的分散（Diversification）**，中等重視**良好的品質（Quality）**及**合理的價格（Value）**。在這種狀態上會有什麼優點以及缺點呢？

「生產力基礎主動策略架構」優點

　　（1）波動風險較小

　　「生產力基礎主動策略架構」的關鍵在於，以明確的長期投資、分散、目標達成的架構作為原則。並且輔助三種投資因子判斷，在達成目標的過程中，盡量讓波動起伏下降，使目標需要的金額與報酬率，都能更貼近需求。下列右圖就像是未經投資因子調整的表現，左圖則是經投資因子主動調整的表現。經投資因子調整後，會讓投資組

合的曲線更為平緩，在達成財務目標上，盡量不影響現有財務狀況與投資心理，目標達成也更符合預期。

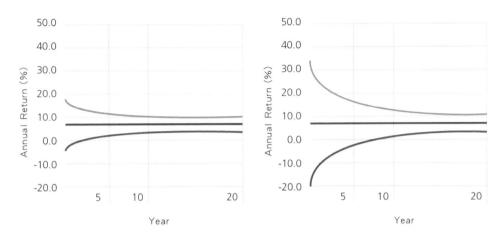

（２）持有投資組合的期間會減輕各種壓力

這樣的策略會讓投資人在持有期間不被輕易洗出場，或產生很大的心理壓力。在財務規劃的設計上，策略執行的調整也因為波動起伏較低，而變得容易一些，更沒有壓力地去持有投資組合。假設退休金需求是 2,000 萬，單純買被動 ETF 生產力投資組合，達成目標的結果區間落在 1,600 萬～ 2,300 萬之間的話。使用「生產力基礎主動策略架構」就會縮小這個級距，可能為 1,800 萬 ~2,200 萬之間。若是考慮目標達成而不是更高的可能報酬，而且希望目標達成不要偏差太大，那使用這個策略會讓自己更加安心。

「生產力基礎主動策略架構」缺點

（１）成本較高

「生產力基礎主動策略架構」的缺點為，成本會比純粹被動生產力的 ETF 投資組合來得高，因為還需要有主動策略的投資因子調整，這會增加人力、各項費用支出。但這方面的成本跟操作不太建議自行

處理，這是一件高度複雜的事情，建議還是選擇能操作這些策略的投資組合，否則還是選擇被動生產力的 ETF 會較適合。

（2）少了驚喜感

「生產力基礎主動策略架構」會讓目標達成更明確、波動更小，也或許會犧牲了更高報酬的可能性，盡量讓目標金額更確定。這也會少了很多投資上無預期的驚喜，如賺得比想得更多，當然也包含減少驚嚇，少了驚喜感但也相對有了安全感。

符合生產力基礎主動策略架構的工具

目前使用生產力基礎主動策略架構的投資標的，主要為各國退休基金、主權基金、校務基金、財務規劃基金等。像是加州公務人員退休基金（CalPERS: California Public Employees' Retirement System）、耶魯大學校務基金（Yale University endowment）、加拿大公共基金（CPP Investments）、羅素集團的生命週期基金（Life Points Target Portfolio Series），都能證明這種模式有助於財務規劃、退休等目標達成。如果不是要自行建構這種投資組合，而是在市面上尋求標的，在台灣可以參考羅素系列的共同基金（多元資產基金，數字代表股票原則比重，如 90、70、50、35），當然前提是知道自己的目標與財務狀況，因為這種架構的是以目標達成去做設計，持有上會更明確安心。

耶魯模式（耶魯大學校務基金）

1. 耶魯模式績效

截至 2021 年 6 月 30 日的 10 年裡，基金的年化報酬率為 12.4%，耶魯大學的校務基金扣除各項支出及捐贈後，從 194 億美元增長到 423 億美元。

截至 2021 年 6 月 30 日的 20 年裡，基金的年化報酬率為 11.3％，耶魯大學的校務基金扣除各項支出及捐贈後，從 107 億美元增長到 423 億美元。

2. 耶魯模式 3 大核心原則

（1）投資人構建 6 個核心資產類別的投資組合（仍在之前提到 4 個核心範圍內），打造多元組合並以股票比重調整。

（2）需要執行定期的再平衡策略。

（3）需要注重成本及稅收問題。

符合「生產力基礎主動策略架構」的工具都有符合本章說明的內容，簡介耶魯模式也不超越這個範圍之外，只是有些架構跟戰術上的些微差異，但核心觀念與架構是相同的。

重點回顧 ▶▶▶

① 「生產力主動策略架構」是以分散及股票導向的長期組合，作為基礎架構。

② 「生產力主動策略架構」輔以三種投資因子做主動策略調整，長期因子是判斷循環及貨幣與財政政策間的關係、中期因子判斷標的外在價格與內在價值間的關係、短期因子判斷買賣雙方對市場的反應與心理因素。

③ 「生產力主動策略架構」優點是，波動風險及持有期間壓力都比較小。

④ 「生產力主動策略架構」缺點是，成本較高也比較沒有驚喜感。

附註

1. 判斷安全邊際的重點——以公司舉例：

產業結構、是否真的賺錢、負債狀況如何、有沒有現金、公司決策、賺錢效率、企業文化圈、有沒有長久下來讓公司持續成長的各種優勢（例如：商譽、正面體驗、定價能力、網絡效應、高轉換成本、利基市場、政策優勢、專利著作權、甚至政府背景或黑道背景等），以及設想這公司可能遭遇的風險（例如：航空業是競爭市場，客戶最優先考量是價格，機師是稀缺人才，所以較容易受稀缺人才影響各種狀況。再如博弈業，受政策影響很大，就有政策改變的風險。） 如果條件越有辦法評估，相對就是少了這方面的風險，這也是安全邊際的重要性。

第九節　QVDT架構下生產力基礎ETF投資策略

　　ETF是為人所熟知的熱門金融商品，最大的特點就是「被動管理」以及「低費用率」，使其成為資產管理的熱門關鍵字。然而，隨著各式各樣不同類型的ETF不斷發行，投資人反而更加眼花撩亂。ETF本身設計的立意良善，只要有好的篩選方式以及執行機制，就會是相當適合「目標導向投資系統」的金融工具。

　　接下來，我們將先說明ETF的起源，以及在QVDT的原則下，可以如何篩選及使用ETF建構投資組合，打造「目標導向投資系統」。

什麼是ETF

　　ETF在台灣證券交易所的名稱是「指數股票型基金」，但事實上ETF的英文名稱是Exchange Traded Fund，顧名思義，它其實是「交易所交易基金」，意思就是有在交易所掛牌，然後交易的方式也很像股票，可以直接委託證券商在交易所買進賣出的基金，就叫做ETF。

　　ETF的起源是來自「指數型基金」（Traditional Index Fund, TIF），指數型基金的選股概念是「被動式管理」，透過追蹤具代表性、且相當分散的一個指數，目標並非擊敗指數，而是取得跟指數一樣的報酬。按照指數中所有成分股的權重，一模一樣地複製指數的內容，不擅加任何的預測，「被動」管理一個跟指數相同的投資組合。

　　第一檔被人所熟知的指數型基金，是先鋒集團（Vanguard Group）旗下的先鋒500指數型基金，由指數型基金之父約翰伯格（John C. Bogle）於1976年所成立，追蹤的是美國S&P500指數。

　　指數型基金與傳統主動型基金最大的不同，就是總費用率極低。

　　一般傳統主動型基金，為了能夠有好的績效，甚至要擊敗市場指數，所以背後必須要有相當龐大的研究團隊。然後，為了要讓投資人

認識並且投資，付出的行銷與通路費用也不低。整體來說，主動型股票基金的總費用率，每年通常都不低於 1.5％，甚至更高。

而被動管理的指數型基金，少了以上的費用，每年總費用率多在 0.3％以下，甚至先鋒集團發行的許多指數型基金，費率更是低到 0.1％以下。

假設每年總費用率差 1.5％，長期投資 30 年下來，會差多少呢？假設兩者每年的報酬率分別為 8.0％與 6.5％，以單筆投資 100 萬元或是每月定期定額 1 萬元來計算，如下表，差異都高達 300 多萬元。

	主動型基金	指數型基金	差異
單筆投資 100 萬元	6,614,366	10,062,657	3,448,291
每月定期定額 1 萬元	11,061,781	14,903,594	3,841,813

前面提過，主動選股投資不是不行，請專家也是一種方式，但是要付出高額的成本，務必要慎選專家才是。

隨著指數型基金以及被動管理的觀念越來越被推崇，基金公司為了方便投資人交易，於是便推出了 ETF，讓指數型基金可以在交易所直接交易，大幅降低交易難度。

交易便利卻造就投機性

讓指數型基金「交易方便」的美意，卻失去指數型基金成立的初衷。指數型基金是希望透過被動式管理，減少總費用率，讓人們以最低的成本獲得貼近市場的報酬率，只要市場長期向上，就可以有豐厚的報酬，順利完成夢想。這個投資的過程當中，投資人不需常常買進賣出，不需嘗試臆測市場的高低點，只要做好規劃，耐心等待即可。

因此，指數型基金投資人買賣的頻率，應該是極低的。然而，自 ETF 問世以來，反而因為其交易方便的特性，成為了投機的工具。以

台灣規模最大的 ETF——元大台灣 50（股票代碼 0050）為例，2021 年全年度的交易金額高達 3,294 億元，而其基金規模約為 2,300 億元，基金週轉率為 3,294 億 / 2,300 億 = 143％，代表一年之內整個基金已經交易換手超過一次。也就是說，投資人持有 0050 的期間，平均是低於一年的。

主題型 ETF 失去「被動管理」的初衷

因為 ETF 越來越風行，然而市場大盤指數就那幾個，後進的基金公司無法搶得先機，管理基金規模就會遠遠落後。舉例來說，富邦投信發行的台灣采吉 50 ETF（股票代碼 006208），同樣是追蹤台灣 50 指數，總費用率較元大台灣卓越 50 ETF 低，但是規模就遠遠不及。

腦筋動得快的基金公司，開始發行各種主題型 ETF，例如 5G ETF、電動車 ETF 等，甚至有槓桿型、放空型 ETF，就是為了滿足市場投資人的投機需求而發行的。首先，指數編製公司會編製一項指數，例如台灣 5G+ 通訊指數，接著基金公司再成立一檔 ETF「被動」追蹤該指數。

表面上看似被動，然而該指數僅僅收錄與 5G 相關的個股，過度集中在單一產業中，並未達到分散至各產業的標準，追逐的只是短線的題材跟漲跌。試問，如果有一天 5G 像今天 2G 一樣被淘汰，這檔 ETF 該何去何從呢？

而槓桿型、放空型 ETF，並非真的融資購買更多股票、或是真的融券放空股票，而是透過期貨來達成槓桿與放空的效果，完全就是投機性的產物。

與 QVDT 的關係

上面提到 ETF 這麼多的問題及亂象，還適合用於建構「目標導向投資系統」的投資組合嗎？其實，投資工具沒有對與錯，而是要有判

斷原則來進行篩選。接下來我們就 QVDT 來檢驗，說明什麼樣的 ETF 以及執行方式，會是符合標準的。

採用 ETF 策略，選擇的就是「長期生產力」這個優良的投資標的，即使過程中股價起起伏伏，也不會嘗試去判斷高低點，因為相信只要時間夠長，最終都將帶來合理的報酬。

在這樣的前提下，以 ETF 建構投資組合的第一個篩選重點，就必須要符合全球分散條件。如果無法靠單一 ETF 達成全球分散，就必須選擇不同區域的 ETF 來組合。同時也別忘了追蹤債券指數的 ETF，類別最好也能夠分散至公債、投資級公司債、高收益債等。如果行有餘力，也可以考慮加入不動產投資信託 ETF（也就是常聽到的 REITs ETF），讓資產類別更加多元分散。

第二個篩選重點，就是 ETF 所追蹤的指數成分股必須具有代表性，能充分代表一個國家或是區域的經濟發展。選擇大型股指數固然可以代表 6~7 成的整體市場，但是中小型股往往更具未來性，若是指數能納入中小型股，會更加理想。

舉例來說，那斯達克指數較偏重科技類股，可能不太適合，必須搭配其他類型的 ETF，降低偏重某類股的比重。另外像道瓊工業指數則是偏重大型藍籌股，中小型股未收入，無法完整代表整個市場。

最後一個篩選重點是，既然我們不嘗試判斷高低點，要求的就是必須夠貼近指數的表現，也就是**「追蹤誤差」**要小。不期望 ETF 的報酬超過追蹤的指數，只要在扣除總費用率後，越接近指數報酬越好。

這樣的策略，就是常聽到的一句俗諺：「不要把雞蛋放在同一個籃子裡」。更積極地說，是「把雞蛋放在相當多的籃子裡」。不特別去挑出哪個籃子裡的雞蛋會長成金雞母，也不必特別照顧某幾個籃子；這樣的策略是相信，在這麼多的雞蛋當中，有一定比例的雞蛋會長成金雞母，光靠這幾隻金雞母，就可以獲得相當不錯的報酬了。

經過上面三個篩選重點後，最後還得搭配一個執行重點，就是讓 ETF 有足夠的時間充分發揮複利的威力。要能夠長時間、不中斷地持有投資組合，最重要的就是紀律，這點已經在本章第五節充分說明。

如何採用 ETF 建構投資組合

假如經過前面的步驟，決定好投資組合的比例，比如說股票債券比 70/30，那麼又該如何執行呢？使用 ETF 的情況下，可以有兩種方式來執行：單一 ETF 以及複數 ETF。

單一 ETF

考量到投資人有再平衡的需求，目前已有基金公司推出固定股債比例的組合式 ETF，其特點就是會挑選多檔股票或債券型的 ETF，按一定比例組合成一檔新的 ETF，然後會每隔一段時間就自動執行再平衡，回復到該 ETF 設定的股債比例。除了能幫投資人免去再平衡的麻煩外，為了兼顧「被動管理」的優勢，也就是低費用率，所以如果挑選到的 ETF 也是同一家基金公司所發行的，在管理費上也會有一定的優惠，避免投資人被收取兩層管理費用。

如果決定的股債比例是 70/30，可以直接挑選剛好或是接近此比例的組合式 ETF，定期定額執行即可。

這樣的 ETF，雖然總費用率會比複數 ETF 高個 0.1~0.2％，但是對於不想自己手動再平衡、卻又不想付管理費請專家主動挑選標的的投資人來說，是相當划算的選擇。

複數 ETF

如果想要自行挑選 ETF 來組合，除了挑選 ETF 要符合前面所提的三個篩選重點外，還要把握一個原則，就是挑選的 ETF 檔數越多，再平衡就會越複雜，衍生的交易成本就越高。

舉例來說，如果決定股債比例是 70/30，可以使用以下的組合：

類別	標的	比例
股票	全球股票型 ETF	70%
債券	全球債券型 ETF	30%

那麼當再平衡時的比例變成 80/20 時，只需賣出 10% 的全球股票型 ETF，買入 10% 的全球債券型 ETF 即可。

若選擇的組合如下表：

類別	標的	比例	再平衡前比例
股票	美國 ETF	25%	30%
	非美國成熟市場 ETF	25%	28%
	新興市場 ETF	10%	12%
	REITs ETF	10%	8%
債券	美國公債 ETF	10%	8%
	非美國政府公債 ETF	10%	8%
	投資級公司債	5%	3%
	高收益公司債	5%	3%

選擇八檔組合時，一旦需要再平衡（如上表的比例）時，買進賣出的次數就可能達 8 次；另外，每筆資金被分得越小的情況下，越容易遇到買賣碎股（小於 1 股）的情況。比方說，上面再平衡的情況，可能是要賣出 2.4 股的美國 ETF，在投資部位還很小的情況下，這 0.4 股可能就會影響該 ETF 的占比，執行再平衡時會複雜許多。

目前國內有些銀行與投顧業者有推出類似的服務，相當於由業者協助挑選 ETF 並執行再平衡，也不會有碎股的問題。只是目前多數業者的平台服務費率約為 1％ 左右，假如業者沒有提供更多的加值服務，這樣的收費與使用單一 ETF 相比較起來，應多加審慎考慮。

採用 ETF 策略的優點與缺點

最大的優點當然是費用率低，且執行上也不用耗費大量時間研究單一個股，只是有些開戶、換匯、匯款等程序要處理。如果選擇使用複數 ETF，因為執行再平衡的交易次數較多，可能也要選擇交易手續費較低的平台；但若使用複數 ETF，再平衡的執行複雜度也會較高。

缺點則是不可能獲得超過市場的超額報酬。另外，目前符合篩選重點的 ETF，大多仍是以掛牌在美國或是英國的 ETF，所以使用上務必要注意是否會有其他稅務上的負擔。

重點回顧 ▶▶▶

① 指數型基金最大特點是「被動管理」、「費用率低」。

② ETF 並不完全等於指數型基金。ETF 交易方便，但要避免以 ETF 作為投機的工具。

③ ETF 的三個篩選重點：充分分散、追蹤指數的成分股要具代表性、追蹤誤差要小。

④ 使用 ETF 策略的執行重點：做好規劃、紀律執行，讓時間發揮複利的威力。

⑤ 可選擇使用單一 ETF 或複數 ETF 的策略。前者執行複雜度較低，然費用稍高；後者則是執行再平衡之複雜度稍高。

⑥ 使用海外 ETF 時，須留意是否有其他的稅務負擔。

第十節　QVDT 價值投資策略架構

在運用投資策略上，可能會使用到「價值投資策略架構」，這個策略符合「QVDT 投資組合原則」的範圍，在接下來的內容，將討論什麼是「價值投資策略架構」，並理解它跟「QVDT 投資組合原則」之間的關係，又會對財務有什麼影響，接著再說明執行方法。

什麼是價值投資策略架構

我們會用 3 個重點介紹「價值投資策略架構」，除了讓我們理解這種投資模式外，也更能讓自己清楚，是不是需要在財務規劃上使用這個策略。

市場生產力個別化

在《Q-Quality 良好的品質》這個章節提到，「生產力」是經濟與投資長期向上的原動力，只要人們還想要追求更方便及舒適的生活，就會不斷地有產出來改變生活。而生產力的增長，最開始的變化會來自於公司收益、發明，或類似最前端的產出。也因此，如果有辦法在生產力的基礎前提下，挑出更有可能有高品質產出的標的（通常是公司經營，或衍生出來的股票、債券），在長期來說，很有機會得到高於市場大盤的績效。就好像你**除了找到生產力這個金礦外，還發展了能更開採高品質金礦的能力**。

主動策略

價值投資是需要學習、花時間、投注精神的策略，雖然不一定積極買進賣出標的，但本身是高度主動決策及判斷的投資模式。因此要把價值投資策略執行好的話，如果對投資本身比較沒有興趣的人，其實很不容易做得好。因為我們必須建立自己投資的判斷標準，並敢於跟周邊大眾及市場對抗，心態上能夠堅持自己所學而不輕易受影響。

我們必須具備判斷決策的能力或標準，所以需要學習會計並做財報分析、理解行銷模式對公司的影響、管理層或管理層面的差異、具備商業思維、對產業領域的理解等。如果對這一件事情沒有熱情，自然不願意多花時間跟心神在這個部分，前面所說的標準是無法建立的，這時如果嘗試高度主動投資的話，很容易忍不住做了錯誤的本能決策，像是受到親友影響、消息面影響、極端事件引起恐慌或貪婪心態影響。

對價值投資架構的過程有興趣的人，因為會積極學習必要能力，反而會執行得比較好，甚至會有點反人性的現象出現，好比看到投資標的跌了，很開心能夠繼續買；看到投資標的漲了，反而有點擔心有沒有其他因素影響或者來不及買到更多。

價值與價格之間的判斷

巴菲特曾說過：「我們付出的是價格，得到的是價值。」「價值投資策略架構」格外著重**買入標的內在價值與外在價格之間的落差**，或者可以說我們在尋找「標錯價格的標的」。假設台積電目前價格450塊，這時可以評估台積電內在價值多少錢來決定策略，如果評估範圍區間值 480 ～ 520 塊；可能就比較會有買入的意願，已持有的話則不太願意賣出；若評估範圍區間值 380 ～ 420 塊，可能就不太願意買入，已持有的話就比較有意願賣出。

因此重點在於我們有沒有能力，大約判斷標的內在價值，並決定自己的出價範圍。但在實際狀況我們還需要注意時間性、成長性、產業發展等許多原因，才真正能建構內在價值判斷的標準。需要特別注意的是，關鍵不在於估值是否完全正確，而是建立一個自己認定的區間標準，在判斷上才能有自己的洞見跟依據。至於如何建構標準，我們需要考慮下列 3 個面向：

（1）市場先生

這是巴菲特的老師，班傑明・葛拉漢（Benjamin Graham）提出的觀念。他提出我們可以把整個市場擬人化，並且把他想像成各位的事業夥伴，他每天會不厭其煩的跟各位報價，風雨無阻。但市場先生非常的歇斯底里跟不理智，針對同樣的標的，卻可以隨時因為心情而開高價或者開低價。但幸運的是，我們永遠有權利選擇要不要跟他買入或者賣給他，並且也不需要思考若今天沒跟他交易，會對未來交易產生不良影響，因為市場先生一點都不在意。只要我們自己拿捏得當，在市場先生很明顯開低價時買進，開高價時賣給他，就是對價值投資很重要的理解前提。

（2）安全邊際

安全邊際對價值投資是很重要的一個環節，狹義上來說：

價格－內在價值＝安全邊際

假設目前台積電價格 450 元，若我們想做的策略是買入，那評估台積電內在價值高於現在價格 450 元越多（如 600 元），則越有安全邊際的彈性容錯空間；若想做的決策是對買進標的賣出或再評估，評估台積電內在價值低於現在價格 450 元越多（如 350 元），同樣越有安全邊際的彈性容錯空間。

所以評估標的的內在價值越高，但標的現在的價格卻很低，安全邊際就越大。但實際上來說安全邊際涉及的範圍非常廣泛，因為內在價值不是隨意就能決定的，要對投資標的估值的前提是，標的真的有如自己估計發展的可能，否則定下來內在價值並買入，仍然不具備安全邊際，可能反而越來越差。

廣義上來說，**判斷安全邊際的重點在於公司要夠好**，這涉及產業結構、是否真的賺錢、負債狀況如何、有沒有現金、公司決策、賺錢效率、企業文化圈、長久公司成長的競爭優勢，如商譽、品牌效應、

定價能力、網絡效應、高轉換成本、利基市場、政策優勢、專利著作權、甚至政府背景或黑道背景⋯⋯等。以及設想公司可能遭遇的風險，如航空業是競爭市場，客戶最優先考量是價格比較、機師是稀缺關鍵人才，所以較容易受稀缺人才影響各種狀況，這都是需要考量的風險。又好比博弈業，因為是特許行業，雖有政策帶來的寡占效益，但也受政策影響很大，就需要考慮政策改變的風險。

這些判斷對投資者來說，只要有一項符合條件，相對就是少了這一方面的風險，因為我們判斷的可能正確性更高，估值下來才合理。這也是安全邊際的重要性，會使我們在投資上的風險降低。

（3）經濟護城河

想像在中古世紀，有許多貴族跟城堡，但不是每座城堡都能歷久不衰，要保持自己在亂世中屹立不搖，終究來自於自己的綜合實力，以及有沒有能夠保護自己的能力。像是護城河就有保護城堡，不受外敵侵擾的功能，許多知名的城堡也都有這項標準配備，在冷兵器時代，護城河阻擋了多少敵人的腳步。

因此在投資上提到經濟護城河，又叫做「**競爭優勢**」，通常我們相信好公司長期比較可能有好表現，但是不見得過去有好表現，就能持續地維持或者成長下去。這時可以從過去財報中去判斷，從結果中找出原因，就必須判斷公司是否具備經濟護城河。

如果閱讀到目前為止，仍然對自行嘗試價值投資策略架構有興趣的話，建議可以先閱讀知名投資人：派特・多爾西（Pat Dorsey）的兩部著作：先閱讀《護城河投資優勢》，再接著閱讀《股市真規則》。他提出股票評等主要取決於兩個因素：1. 股票低於估計合理價值的程度，2. 企業護城河的大小。並且判斷投資標的是否具備四種競爭優勢，來尋找長期投資的股票，這四個競爭優勢分別為：無形資產，轉換成本，網絡效應，成本及銷售優勢。以下簡述這四種競爭優勢：

無形資產

在投資標的時，絕對不是判斷投資標的到底有多少財產，重點是在於它能創造多少價值與產出。這時候無法估計量化卻對經營成長有影響的部分就很重要，譬如品牌、專利、技術、銷售能力、企業文化……等。

轉換成本

具備轉換成本特性的投資標的，表示公司模式或產品模式，會使人產生一種感覺，這感覺是「花了時間學習使用另一種東西後，卻與原本在使用的東西沒覺得有太多差異」，這反映了我們對時間成本的感受。例如說微軟的作業系統使用習慣了，如果我們在考慮使用蘋果的話，就會受到這種感覺影響，會覺得自己一定有要使用新操作方式的需求嗎？也好比如我們在台銀存了 300 萬，除非特殊原因，不然也不會想要特別領出來存在玉山銀行。

網絡效應

具備網絡效應特性地的投資標的，表示公司模式或者產品模式上，會對其他類似的公司或產品產生排擠效應，同時本身價值也因為使用人數的多寡產生劇烈的影響。例如 Line、FB 等。

成本及銷售優勢

在成本及銷售優勢上，我們通常主要考慮兩個部分，第一個部分是「**定價能力**」：因為**公司毛利率的提升來自於提高賣價或者降低成本**，但提高賣價需要具備「**客戶有非你不可的需求**」的能力。降低成本則是要比其他同業取得較低成本的能力，例如原物料產地因素、通路模式、是否一條龍作業模式等。第二個部分則是投資標的是否具備「**有效規模**」：這是指公司在產業領域上已經成為龍頭或者具有寡占地位，通常會有高市占率的狀態。無論是品牌、規模或是特許行業都可能有占據高市占率的結果。

對價值投資者而言，投資標的具有越多的護城河當然是越好，但更重要的是，有沒有能力判斷是否具備護城河？以及護城河產生效益如何？因為價值投資策略架構是高度主觀判斷的投資方式，需要具備許多相關能力，一旦沒有自己的判斷標準與判斷能力的話，結果很可能會是一種災難。

「價值投資策略架構」符合「QVDT 投資組合原則」的比例範圍

「價值投資策略架構」在「QVDT 投資組合原則」的範圍中，屬於特別重視良好的品質（Quality）及合理的價格（Value），中等程度重視足夠的時間（Time）、稍微重視充分的分散（Diversification）。在這種狀態上會有什麼優點以及缺點呢？

「價值投資策略架構」優點

（1）長期若執行得當的話，投資報酬率可以做到贏過大盤（大盤年化報酬率長期大約在 5-8％水準），就如同許多知名價值投資人的做法一樣。如華倫·巴菲特、查理·蒙格（註1）、華特·許羅斯（註2）、莫尼斯·帕波萊（註3）。

（2）因為要投入大量的時間與精神，若覺得分析投資標的，及精進商業相關能力很有趣的話，那投資起來會很有樂趣。

（3）操作及轉換上的彈性更高，可以因為自己的投入時間及精神，在選擇標的上更有控制權，當然前提是具備判斷買賣的能力。

「價值投資策略架構」缺點

（1）因為要投入大量的時間與精神做研究及學習，若對投資的過程沒有興趣，而只在意投資結果的話，很難把價值投資貫徹到底。

（2）「價值投資策略架構」在意的是投資標的被低估，以及未來成長的可能性，並在投資組合中標的高度集中的情況下，很可能投資波動起伏比較大，現在看好的投資標的甚至需要 3～5 年才會看到開花結果，價格也無法時時反映出有價值的原因，有可能覺得不錯的標的剛買入就大跌，所以也格外考驗投資人的心理素質。

符合價值投資策略架構的執行方式

做「價值投資策略架構」需要先有一個認知，我們是在盡生產力演進量將理解標的可能上漲的確定性掌握在手中，但仍有無法預期的運氣成分及許多不可掌握的層面，如各種意外、特殊事件、人心等因素。因此我們無法真正預期漲跌多少，也無法 100％確認漲跌時間，敬畏市場堅守紀律才是「價值投資策略架構」能貫徹的原則。

因為價值投資的方法很難直接用投資標的來表達，在不清楚每個人的判斷能力、財務面、心理素質的狀況下，同樣的投資標的在不同的人手上也會有不同的結果，不見得結果會是自己想要的。所以這邊提供給讀者可以執行的思考及流程順序，以檢核表的方式向下檢視，判斷自己適不適合價值投資策略及標的選擇：

對投資標的、事業、產業理解程度

（1）我能不能在 30 分鐘內大致理解標的概況，如果不行，很可能理解投資標的不在自己的能力範圍，貿然投資會很危險。

（2）我願意投注多少時間研究它，一但沒有興趣及時間做研究，建議不要貿然投資。

（3）如果你是這個事業的老闆，你會想怎麼經營？

（4）自己是否具備以財務思維判斷經營決策的能力。（註 4）

投資標的是否具備護城河

（1）無形資產：

    A. 品牌效應

    B. 專利技術

    C. 特許行業

    D. 營銷能力

    E. 企業文化

    F. 其他

（2）轉換成本：

    A. 時間成本

    B. 學習成本

    C. 資金成本

    D. 人事成本

    E. 心理壓力

    F. 其他

（3）網絡效應：

    A. 公司網絡通路

    B. 產品網絡通路

    C. 網絡市場占比

    D. 其他

（4）成本及銷售優勢：

    A. 技術領先

    B. 通路優勢

    C. 成本優勢

    D. 有效規模

    E. 法規門檻

    F. 市占優勢

    G. 其他

可能風險考量

（1）經營者類型風險，如品格、能力範圍、心態成長面向分析。

（2）通膨、物價、原物料風險。

（3）政策風險。（如特許行業）

（4）關鍵人士風險。（如機師之於航空業、生技專家之於生技產業）

（5）產業、競爭及替代品風險。（如過去的柯達、百視達）

估計價值的方法

原則上可以考慮「股價淨值比還原法」、「現金殖利率還原法」、「本益比還原法」、「自由現金流還原法」、綜合評估，來從財務狀況回推自己認定的標的價值（這些方法都很好搜尋，並不是什麼秘密，因為關鍵其實是在如何評估標的好壞）。不在這邊多做討論估值法，一方面因為估值法是基於前面流程的判斷後，建立買入、賣出、重新評估價格的準則，所以可能適用狀態不一樣。另一方面，也擔心讀者直接使用了估值法卻忽略了前面流程，這種狀態下估計價值

無法成為標準，反而造成投資結果不好。

重點回顧 ▶▶▶

　　奧地利經濟學派大師路德維希‧馮‧米塞斯（Ludwig Heinrich Edler von Mises）說過：「沒有人會從事一個無利可圖的投資，而是因為決策後，一些未預料或無法預料的情況發生，才導致他的投資變成錯誤的投資。而當決策做出，在需求條件滿足之前，也喪失了路線偏離的自由。」

　　所以投資人更要考慮的是風險報酬率，我們追逐報酬的同時，也承擔了多少風險。因為投資是應對未來，但未來無法預知，所以風險肯定存在。也因此我們才在高度主動投資的策略上，需要注意本節的重點，讓我們做決策更具備可控性：

① 理解長期生產力因素對投資標的產生的影響。

② 理解市場先生的運作。

③ 判斷外在價格與內在價值的落差，是價值投資策略的根本。

④ 「價值投資策略架構」需要花費大量精神與時間，可以經由檢核表判斷是否適合自己。

附註

1. 查理・蒙格是股神巴菲特的副手，也是波克夏・海瑟威控股公司的副董事長，是影響巴菲特投資原則很深的一位智者，他的著作《窮查理的普通常識》闡述了他的投資哲學，並且將其應用在生活各層面當中。

2. 華特・許羅斯是股神巴菲特的同門師兄，巴菲特曾對他評價道：「他知道如何識別出價格遠低於價值的股票，然後買進持有，他就是一直在做這件事。」

3. 莫尼斯・帕波萊可能是當代最接近股神巴菲特投資架構的價值投資者，他在其著作《下重注的本事》闡述了如何建構出價值投資的原則，是不可多得的好書。

4. 財報六個面向分析，這邊提供的方式不適用於所有投資標的，但可以反映出大多數的問題，如果發現這個部分沒有興趣查找名詞或學習，很可能就不太適合花費時間精神的自主投資方式：

項目	財務指標	年度	年度	年度	反映狀況
獲利能力	每股稅後盈餘				
	毛利率				
	營業利益率				
	稅後淨利率				
現金流量	營業現金流				
	投資現金流				
	籌資現金流				
	自由現金流				
	資本支出				
投資報酬率	ROE				
	ROA				
資本結構與長期償債能力	負債比				
	現金及約當現金				
短期償債能力	流動比率				
	速動比率				
	應收帳款周轉天期				
	存貨周轉天期				
	應付帳款周轉天期				
	流動負債				
資產運用效率（杜邦分析）	淨利率				
	總資產周轉率				
	權益乘數				

第十一節　如何運用五步驟打造我的投資組合

這一節運用 5 步驟的流程，目標→問題→診斷→設計→執行檢視，來打造適合自己，並且能完成自己目標的投資組合及財務藍圖。

 設立目標

確定目標是很重要的環節，如果沒有確定好目標的話，我們無法「以終為始」來設計回推現在該做出來的決策，而目標通常有哪些類型呢？可以應證自己有沒有考慮過這些目標呢？接下來，可以透過下面這個表來考慮生活中各面向目標。

目標項目	關鍵影響
1. 退休前生活水準	想要的退休前生活水準，會影響到儲蓄狀況，若花費過高，有可能導致其他目標無法達成。
2. 結婚或單身	結婚或單身型態，除了結婚相關金額、生活方式改變以外，還會影響到其他目標實現及金額消費大小。如買房坪數地點、生養小孩、車子型態、旅行模式等。
3. 買房或租房	買房與租房各有優缺點，需要計算這兩種選擇對未來產生的影響。如工作地點轉換、頭期款、資產彈性、年齡租屋問題、資金斷鏈、稅負等。
4. 買車及大眾交通考量	除了買車費用外，養車費用也需要考慮。如稅負、保險、停車位、保養、油錢。1 年養車費用約落在 10-20 萬是常態，僅使用大眾交通工具（包含租車、計程車），1 年費用大多落在 4-6 萬。因此這個落差也是需要考量的。

目標項目	關鍵影響
5. 生育小孩及教育方式	小朋友的支出最高的時期在於學齡前及大學開始的高等教育後。通常一個小朋友從出生到大學畢業約需支出 400 萬 -700 萬（包含才藝及補習班），這些都是每一個選擇堆疊出來。如就讀公私立、學習什麼才藝、是否請保母等。
6. 創業、副業或受雇	不同的工作型態，都各有優缺點，需要判斷想要過的生活才能做好適合自己的調整，不然有可能達不成自己的目標。譬如家裡支出過高，而且難以調整（如生了 3 胞胎又離婚），在工業區當作業員的收入，可能無法解決各種目標需求的問題。
7. 旅行	旅行型態需要考慮每月（如國內小旅遊）及每年（國內外旅遊），還有一次性的大筆支出（環遊世界、南北極旅遊），這會產生不同的支出型態。
8. 父母孝養	考慮到父母狀況、年紀、溝通需求，就會有不同的孝養費用需求產生，這也需要納入考量。
9. 退休後生活水準	退休後的生活費計算通常會與退休前不同，一方面時間變多了，但身體問題可能也變多了。因此我們需要考慮在健康情況下，與不健康的情況下的退休金需求，同時需要衡量收入變少的要素。
10. 其他客製化目標	客製化目標需要依自己的狀況決定，每個人想要跟在意的東西不同。常見的目標有，志工、公益活動（對人或寵物活動）、自己有興趣的小娛樂（如種田、做手工藝、學音樂或畫畫）、改變生活型態到鄉間居住等。

找出問題

　　大多數人會以為財務上的問題是「沒有錢」，但隱藏在「沒有錢」這個問題背後，是由「我的價值觀是」、「喜歡的生活是什麼」、「我足夠了解自己嗎」、「不知道決策與目標的影響」、「沒有財務觀念」……等問題組成。所以我們對**於要解決的問題，需要先重新定義，不需要急迫的處理。才能夠制訂計畫跟打造投資組合。關鍵點不是沒有錢，而是怎麼會沒有錢。**

　　這時可以藉由製作財務報表跟目標（這邊提供大項目，可以依每個人狀況向下討論細項），來釐清這些問題，找出每一個問題背後反映出來的狀況是什麼？

1. 收入表

項目	月收入	年度收入
工作收入		
理財收入		
不定期收入		

2. 支出表

項目類別		月支出	年度支出
生活支出	食		
	衣		
	住		
	行		
	育		
	樂		
	醫療		
	雜支		
	其他		
撫育支出	子女		
	父母		
稅負支出	所得稅		
	財產稅		
保險支出	全民健保		
	社會保險		
	人身保險		
	財產保險		
其他支出			
不定期支出			

3. 資產表

項目	子項目	金額
儲蓄	例如：台銀定存	
保單		
投資		
不動產		
動產		
其他		

4. 負債表

項目	子項目	期數	月攤還額	餘額	利率
信用卡	例如：台銀信用卡				
信用貸款					
不動產貸款					
其他貸款					

5. 目標

目標項目例示 （可依自己狀況調整）	具體描述 （包含時間及金額）
結婚	例如：預計 35 歲結婚，結婚基金 100 萬。
買房	
買車及換車	
生育小孩及教育	
創業、副業或受雇	
旅行	
退休後生活水準	
其他目標	

診斷狀況

這時根據前面填寫的財務報表與目標，來分析問題，分析每一個行為帶來的影響，與目標是否一致。例如小方夫婦明年預計要買房，頭期款 200 萬、預計每個月還款 2.6 萬、還款期間 30 年。目前他們有存款 250 萬、夫妻收入每月 10 萬、家庭支出每個月 8 萬。就可以看出買房後需要不斷燒老本，而且還忽略其他意外因素。更可怕的是，每個人的狀況不會這麼單純，不同目標、意外、現狀都像量子糾纏一樣互相影響，人腦也很難直接計算出影響多深遠，雖說可以看出一個大概方向，但如果要設計方案，還是需要專業以及工具分析。

詳細評估雖然需要比較複雜的流程，但是可以在製作完財務報表後，運用財務指標快速判斷在財務面上，有沒有比較明顯的問題，接著要往哪個方向處理，下表是考慮不同財務面向的指標：

財務指標	評估方向	公式	建議比率
負債比	總負債占總資產比例，評估長期資產結構是否健康。	總負債 / 總資產 ×100%	小於 40%
貸款負擔比	貸款月支出占月收入比例，評估貸款負擔是否太大。	月貸款支出 / 月收入 ×100%	小於 30%
支出收入比	年支出占年收入的比例，觀察可不可以存得下錢。	年支出 / 年收入 ×100%	小於 60%
預備金倍數	緊急預備金與平均月支出的倍數，評估遇到緊急狀況時的承受度。	存款 / 平均月支出	6 倍 -12 倍
目標達成率	自有資產占目標金額的比例，以評估目標完成度。	自有資產 / 目標金額 ×100%	抵達目標累積進度
註記	1. 具體狀況仍然需要詳細評估，但如果符合財務指標，通常財務上比較不會有大問題。 2. 緊急預備金不是越高越好，倍數越高可能資產運用效率不佳。 3. 自有資產是總資產 - 總負債後的資產，目標金額是指達成某一個目標的金額，這項指標是讓我們大致看出，目標會不會太過遙遠或時間太急來不及準備，並不是精準判讀跟目標的差距。		

設計策略

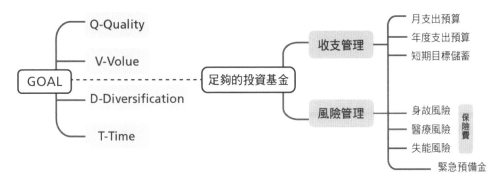

在設計計畫這個環節，需要先從目標跟現況的缺口，根據「QVDT 投資原則」去制定出我們想要執行「生產力基礎主動投資策略」、「生產力基礎 ETF 投資策略」、「價值投資策略」，確定投資組合可以帶來的報酬率區間，可不可以滿足我們的目標需求，如退休金加計通膨計算金額、買房加計通膨計算金額等。在判斷我們的財務現況與執行，是不是要從原有習慣的模式去改變。有可能在我們現有收支結餘的狀況，根本無法累積足夠的投資資金，這時就可以在「**收支管理**」上做出 4 種調整，「**增加收入**」、「**減少支出**」、「**延後目標**」、「**降低目標**」，在做完前面的流程後，我們就會知道調整後對未來產生的影響有多少，而不是盲目調整而感到不安心。接著我們要留意如果各種意外發生，會不會阻礙我們的目標達成，需要從「風險管理」著手去考慮各種風險的應對方式，讓策略可以穩健的執行。

執行優化

當制定完策略開始執行時，表示已經畫好自己人生的財務藍圖，這個藍圖幫助我們知道怎麼走到要抵達的地點。但我們需要時時檢視，看看有沒有走偏、遇到意外時又可以走哪一條路線。因為人生的計畫不是一蹴可幾，而是累積來的，所以可以藉由整體規劃回推到每

一年需要達成什麼目標、累積到多少資產。每個年度,都需要檢視自己的達成計畫,是否有年度達標,沒達標或有意外發生,可以如何因應調整,如果檢視完發現不用調整,或者執行得更好,也都可以使自己更安心。

 投資策略執行注意事項

當我們勾勒出自己的財務藍圖的時候,在投資策略執行環節的時候,需要考慮哪一種投資策略最適合自己。我們將前三節所提出的幾種投資管理策略,依照各種策略的費用、執行複雜度、通路、稅務等,整理成上面的表格。要怎麼選擇適合自己的投資管理策略,建議考量的先後順序,依序是**執行複雜度、費用、稅務、通路**。

	生產力基礎主動投資	生產力基礎ETF投資單一ETF	生產力基礎ETF投資複數ETF	價值投資
費用	高	低	低	最低
執行複雜度	最低	低	中	極高
通路	銀行信託 海內外券商 投信投顧	銀行信託 海內外券商	銀行信託 海內外券商	海內外券商
稅務	依投資標之註冊地 1.境內:配息來自海外有價證券—基本所得額,配息來自國內有價證券—綜合所得 2.境外:資本利得、配息—基本所得額 3.遺產稅:皆依註冊地之稅法規定辦理			

執行複雜度

每一種策略的執行複雜程度不同,所以也需要考慮自己適合的狀況執行。

(1)「生產力基礎主動投資策略」,執行上最為簡便,投資時包括換匯、匯款等動作皆自動完成。而且在確立的長期投資架構以

及彈性的戰術調整之下，是最適合不花心思在投資上的讀者使用的（除非戰術投資因子的調整也想要自行處理，那才會花費許多精神與時間）。配合財務規劃架構下，最能夠讓人將心思放在自己喜愛的事物，很適合達成長中短期目標搭配使用。

（2）「生產力基礎 ETF 投資策略」，通常換匯必須自行手動完成，如果使用海外券商作為通路，還須自行匯款至國外。若選擇複數 ETF 策略，過程中還須執行再平衡，但我們也可以選擇是不是自己手動再平衡，還是選擇自動再平衡的投資組合。但因為這種方式少了一些戰術的調整彈性空間，所以在考慮目標達成前提下，還是會比「生產力基礎主動投資策略」多花一些心思關注投資組合。

（3）「價值投資策略」，除了前面提及的投資流程外，價值投資必須耗費大量時間研究、學習，執行複雜度遠高於前三者。而且常常都在做決策時與大眾跟市場相反，需要很清楚自己做的決策原因，否則心理壓力會很巨大。這適合對投資過程有興趣，不去特別為了結果而做的讀者，所以如果覺得投資過程不有趣的話，不建議使用「價值投資策略」。

費用

費用包含一次性的費用如手續費、匯款費用等，以及持續性的費用像是基金的管理費、保管費等等。

（1）「生產力基礎主動投資策略」，因為是透過基金聘請專家挑選個股，雖然申購時會有手續費優惠甚至免手續費，但是其管理費率高於其他三者，故整體費用最高。

（2）「生產力基礎 ETF 投資策略」，採用被動管理方式，故管理費率低廉，申購時僅需支付手續費、換匯與匯款的成本。

（3）「價值投資策略」，除了手續費、換匯與匯款的成本，因自行選擇投資標的，故無管理費用，整體費用最低。

稅務

不論選擇哪種策略，皆要考慮稅務成本。考量稅務成本的重點，主要是「投資標的註冊地」以及「持有人國籍」。上表皆以持有人國籍為中華民國的稅務公民考量。稅務問題相當繁瑣複雜，選定策略前也建議先多做功課，最好能與顧問詳細討論，千萬不能有僥倖的心態，否則可能會得不償失。

通路

現在購買金融商品的通路已經相當多元，服務也越來越親民，費用也越來越便宜，所以應該是先考量前述幾點、決定投資管理策略後，再選擇合適的通路購買即可。

重點回顧 ▶▶▶

① 5 步驟的流程，是目標→問題→診斷→設計→執行檢視。

② 目標的種類有哪些？思考自己想要完成的目標。

③ 記錄自己的財務報表。

④ 從目標與財務報表之間的關聯，找出自己的財務黑洞。

⑤ 設計策略與投資組合。

⑥ 從年度檢視調整優化財務策略與投資組合。

⑦ 在投資上有哪些注意事項，在執行上有會有什麼問題點（參照前面三個章節）。

— 第四章 —
實際具體個案的盲點發現與問題解決

第一節　家庭支出分配怎麼做?該堅持 AA 制嗎?家庭財務規劃助小資夫妻存第一桶金

很多夫妻或情侶間，常常討論到財務需不需要 AA 制（註 1）？多數人認為談錢傷感情，然而，兩人結為夫妻意味著成立一個新家庭，更需要穩健的財務結構支撐，對於金錢問題避而不談，才可能讓財務狀況傷害感情！讀完這一節，你將發現真正影響夫妻生活的，不是決定 AA 制或財務大水庫，而是更深層的原因。以下我們用實際的夫妻案例來做說明。

Hugo 跟 Alice 從大學 3 年級就開始交往，他們經過了 10 年的愛情長跑終於修成正果，到現在已經結婚 2 年了，原本以為生活一片光明，卻沒有人告訴他們，光明下潛藏著危機，這些危機隨著時間，終究還是會攤在他們的眼皮底下。

Hugo 跟 Alice 都是公司上班族，隨著婚後生活在一起，有些開銷需要一起考慮，越來越覺得錢總是不夠花，尤其擔心明年買房，及 60 歲到底能不能順利退休，又覺得錢永遠存不夠。這種心情影響到他們每次吃飯或出去玩時，常常為了花費而爭吵，總是覺得對方浪費錢買自己覺得不需要的東西，產生了許多的不愉快，甚至開始思考 AA 制會不會比較好？ AA 制至少大家眼不見為淨，但這仍然沒有解決常吵架的問題，Hugo 跟 Alice 開始擔心彼此的感情會不會因此變質。

📊 設立目標

看完以上故事後，我們接著來分享，如何透過 6 個步驟來跳脫既有的財務迴圈:

先討論出目標價值觀

這時要做的事是確認雙方的共識，因為每個人心裡在意的東西與

價值觀本來就有所不同，**雙方一旦對目標沒有共識，就像兩個人在同一台車內，沒有說好要去哪裡，又都想要掌握方向盤，車自然無法抵達真正想去的地方。**

Hugo 跟 Alice 共同的價值觀：

目標	價值觀	輪廓描述
買房	覺得有自己的窩很安心	兩人可以順利買一棟自己喜歡的房
退休	不想一直到年紀很大都還在工作	希望努力工作可以及早退休
旅遊	很享受夫妻一起旅行的感覺	希望每年都可以出國旅遊
生活	享受有品質的 2 人世界	決定不生小孩，專注 2 人生活

將目標量化

（1）在 1 年後買一棟 600 萬的房。

（2）在 1 年後開始每年 8 萬的旅遊計畫，持續 20 年。

（3）Hugo 與 Alice 預計 60 歲退休，並為 25 年的退休生活做準備，2 個人每年 96 萬。

目標項目	Hugo		Alice	
	年度性支出	一次性支出	年度性支出	一次性支出
買房		3,000,000		3,000,000
年度旅遊 20 年	40,000		40,000	
退休金 25 年	480,000		480,000	

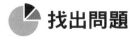 **找出問題**

我們需要先盤點現況，才能找出問題點的蛛絲馬跡：

Hugo 與 Alice 收入表：雙方都還算穩定跟滿意

項目	Hugo		Alice	
	每月收入	年度收入	每月收入	年度收入
薪資收入	45,000		40,000	
年終及三節		70,000		80,000
個人年度收入	610,000		560,000	
家庭年度總收入	1,170,000			

雙方最大的爭吵點

（1）Hugo 覺得 Alice 花太多錢買包包跟鞋子。

（2）Hugo 覺得 Alice 每個月去空中瑜珈很花錢。

（3）Alice 覺得 Hugo 每個月氪金網路遊戲很花錢。

（4）Alice 不喜歡 Hugo 花錢買 Switch 遊戲片跟訂閱 Netflix 看影片。

（Hugo 氪金遊戲點數或 Switch 遊戲片約每月 3,000 元，及買 Netflix 畫質 4K 的高級方案 390 元；Alice 平常每個月 10 堂空中瑜珈課程 4,500 元，及定期買鞋或者包包每個月約 5,000 元）

項目	Hugo		Alice	
	每月支出	年度支出	每月支出	年度支出
飲食	6,000		10,500	
治裝、化妝		3,000	500	96,000
水電瓦斯	2,000		1,500	
通訊費	899		899	
房租	8,000		8,000	
交通	1,500	3,000	1,500	3,000
進修、書籍	2,000			5,000
運動休閒娛樂	3,390		4,500	
醫療保健		5,000	350	2,000
雜支	700		800	
紅白包、交際	1,500	6,000	1,500	10,000
公益			1,500	
父母孝養		24,000		24,000
所得稅		9,200		8,500
勞健保	1,764		1,544	
保費		60,000		20,000
個人年度支出	443,236		565,616	
家庭年度總支出	1,008,852			

Hugo 與 Alice 資產負債表：沒有負債，存了一筆錢預計買房

項目	Hugo		Alice	
	資產	負債	資產	負債
現金	600,000		200,000	
其他		0		0
個人資產	600,000		200,000	
家庭總資產	800,000			

遇到的財務問題點是什麼？

（1）存錢沒那麼容易。

（2）雙方喜歡的東西不同，導致花錢時有爭吵。

（3）婚後買房壓力比想像中大。

（4）Hugo 比較擔心退休，Alice 比較在意現在生活品質，價值觀不同導致花錢習慣也不一樣。

 **診斷狀況**

我們可以先由財務指標開始，向下分析診斷問題：

財務指標判斷

財務指標	評估方向	公式	建議比率
負債比	$0/800{,}000 \times 100\% = 0$	總負債／總資產 $\times 100\%$	小於 40%
貸款負擔比	$0/85{,}000 \times 100\% = 0$	月貸款支出／月收入 $\times 100\%$	小於 30%
支出收入比	$952{,}852/1{,}170{,}000 \times 100\%$ $= 86.23\%$	年支出／年收入 $\times 100\%$	小於 60%
預備金倍數	$800{,}000/84{,}071$ $= 9.52$ 倍	存款／平均月支出	6 倍 -12 倍
目標達成率	$800{,}000/31{,}600{,}000 \times 100\%$ $= 2.53\%$	自有資產／目標金額 $\times 100\%$	抵達目標累積進度

現況簡易判斷主要問題在支出收入比過高，需要想辦法增加儲蓄並開始投資，否則在目標還很遙遠的情況，隨著時間縮短越難達成目標，過上想要的生活。

模擬分析

因為每項目標都有時間因素以及通膨影響，因此需要綜合評估，不能以單一目標評估後再換下個目標。因為兩人即將買房，所以用買房後狀況評估（可再存 217,148 元、預計房貸 480 萬、30 年期、利率 2%、月還款 17,741 元）。同時還需要考慮薪資成長率、勞保與勞退的退休金、保費預估成長、不同組合及時期的投資報酬率……等。

Hugo 與 Alice 是否能照原本生活模式達成各種目標？

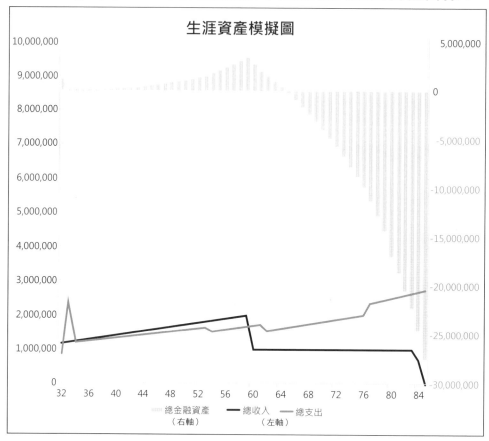

照生涯資產模擬顯然是無法達成的。Hugo 與 Alice 的確可以 1 年後買 600 萬的房（需要填補近 20 萬的缺口），也能夠執行每年的 8 萬塊的旅遊計畫 20 年，但他們在 60 歲退休後，約 66 歲左右就會沒有錢滿足原有生活，勞保退休金及勞工退休金共每月領取 59,854 元，無法滿足原本 80,000 元的缺口，因此資產只能使用到 66 歲。

項目	Hugo		Alice	
	月退	一次性	月退	一次性
勞保退休金	19,878	0	21,013	0
勞工退休金	9,151	0	9,812	0
個人退休金	29,029		30,825	
家庭總退休金	59,854			
備註	1. 勞工退休年金的領取年期，可以選擇領到 80 歲或領到 84 歲，因考量 Hugo 與 Alice 打算準備退休金到 85 歲，所以選擇領到 84 歲。 2. 勞保退休年金的請領依「符合請領年齡」為準，提前或延後領會有所增減，提前 1 年按給付金額減少 4%，最多提前減少 20%；延後 1 年按給付金額增加 4%，最多增加 20%。如 65 歲符合請領年齡，可提前 60 歲請領退休年金 ×80% 計算，也可延後到 70 歲請領退休年金 ×120% 計算。			

設計策略

經過與他們兩人討論調整方案，確認彼此的價值觀與優先順序後，做出以下的調整：

1. 原本保費每年 8 萬塊做了調降，保險是為了解決一旦發生事故，是否會影響生活的各種風險與責任問題，因此只買符合彼此需求的保險，在考量過後，買到適合的保險，並且保費下降到每年 5.5 萬。

2. 考慮過現在買房對自身的壓力，並且溝通完夫妻間的買房需求到底是什麼，決定延後 5 年買房，並且買房金額降低為 500 萬就可以符合需求。

3. 延後 5 年退休，帶來的效益是每月增加 23,525 元的退休金，並且增加了 5 年的主動收入。

項目	Hugo		Alice	
	原本月退金額	延後 5 年月退金	原本月退金額	延後 5 年月退金
勞保退休金	19,878	28,396	21,013	29,816
勞工退休金	9,151	12,871	9,812	12,296
個人退休金	29,029	41,267	30,825	42,122
家庭總退休金原有 / 現在	59,854		83,379	
備註	1. 勞工退休年金的領取年期，可以選擇領到 80 歲或領到 84 歲，因考量 Hugo 與 Alice 打算準備退休金到 85 歲，所以選擇領到 84 歲。 2. 勞保退休年金的請領依「符合請領年齡」為準，提前或延後領會有所增減，提前 1 年按給付金額減少 4%，最多提前減少 20%；延後 1 年按給付金額增加 4%，最多增加 20%。如 65 歲符合請領年齡，可提前 60 歲請領退休年金 ×80% 計算，也可延後到 70 歲請領退休年金 ×120% 計算。			

4. 與兩人溝通完後調整了支出，如果符合原本計畫的消費就可以執行，不符合的可以忍得住。Hugo 下降氪金與遊戲支出為每個月 1,600 元，買 Netflix 改為標準方案 330 元；Alice 空中瑜珈不需調整，但每個月買鞋或包改成 1 年預算 30,000 元。在符合溝通預期，並且對雙方消費都有共識的情況下，夫妻反而不會輕易受到當下消費影響而爭吵，會爭吵的原因是因為不知道會對未來有什麼影響，又覺得對方的消費對自己沒有價值。

5. 當開始每個月都能夠有結餘，每年財務狀況都能越好轉時，才能建構長期的投資組合架構，而不是把投資當作賭一把的行為。依 Hugo 與 Alice 的狀況考量，與他們充分溝通後，使用「生產力基礎主動投資策略架構」建構退休前複利 6％的組合，退休後因為主動收入減少而改為複利 3％的組合。（註 3）為什麼使用「生產力基礎主動投資策略架構」有以下 3 個考量點：

（1）希望在投資上的波動可以比較小，無論在實際層面或心理層面，也比較不會受到市場變化及意外因素干擾。

（2）「生產力基礎主動投資策略架構」中，在主動投資因子的策略會花費大量的精神與時間，因此決定多支出一些成本，交由使用這樣架構的基金去作出調整，我們只需要選擇組合跟目標達成期限，會解放更多時間做自己喜歡做的事情。

（3）操作上可以選擇使用基富通平台（註 4），較貼近台灣人使用的方式，相較海外券商或複委託而言，各項操作、查詢比較直觀。未來若有傳承因素需要考慮，處理上也比較不複雜。

規劃調整後，所有目標都能達成

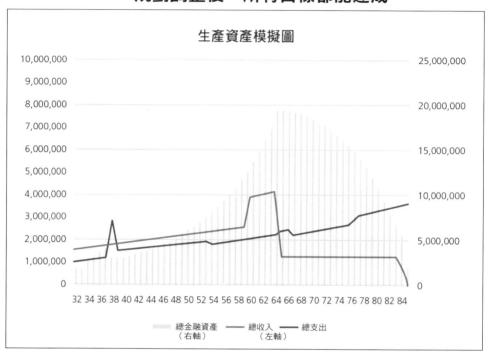

生產資產模擬圖

執行優化

執行的概念就像下圖一樣，是設計好投資策略後，判斷達成目標需要開始資金累積做出發點，考慮了現在的生活方式，以及該注意的風險後，判斷我們現在該如何調整才能有足夠資金，**開始執行及優化「收入增加」、「支出減少」、「目標延後」、「目標減少」、「投資組合調整」**。

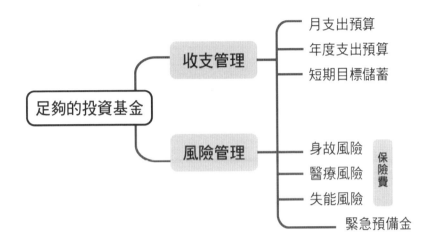

Hugo 與 Alice 可以在現金流上，先判斷投資帳戶需要多少定期定額與單筆資金進場（目前投資帳戶連結基富通使用），再回推年度支出帳戶需要每個月存多少進去，最終是看生活帳戶是不是夠用也符合自己的價值觀。如果在這 3 個帳戶會有不足，就知道該如何調整收支與目標，如果都能足夠，就表示執行的行為可以讓未來達成目標。

年度檢視

Hugo 與 Alice 財務規劃了 2 年後，目前在年度檢視中有反映最近的狀況。他們已經不用再為了花費而吵架，氪金跟購物不再是問題，因為彼此都清楚花錢會影響到什麼目標或生活，計畫性的花費不會不敢花，沒計畫性的花費也能夠不衝動，照著計劃自然錢就存下來了。而且都是照自己價值觀去設計的，並不是痛苦的節省，反而有安心踏實的感覺往目標前進。

投資及財務規劃其實是規劃人生

當跟 Hugo 與 Alice 做出財務上的各種討論，發現原本考慮的 AA 制根本不是解方。真正重要的是價值觀與夫妻共識的問題，只要確實讓調整方案可以落實，就會知道規劃的結果而畫出人生藍圖。投資也不再是一個遊戲，而是人生重要的部份。這使他們決定如何去執行，也更清楚自己的價值觀是什麼，並凝聚夫妻間的共識往目標前進。

這時達到的效果就像是，兩個人在同一台車內，也說好去哪個目的地，不用去搶方向盤，駕駛與副駕駛都清楚我們要去哪裡，即便未來可能遇到各種狀況，就像是車禍、路況問題、塞車一樣，人生也都會有各種意外，但我們只是依照原本的規劃，而去修正路線及處理問題，仍然往目標前進。

附註

1. 「AA」是「Acting Appointment」的縮寫，意思是活動的參與者事前約定「平均分攤所需費用」。

2. 確認價值觀是很重要的環節，討論會使雙方更明確哪些目標對自己更重要，而做出取捨的優先順序，並且因此產生共識，畢竟每件事在不同人心中的重要程度不同，沒有確認共識後，會容易爭吵以及無法執行完善，導致不容易達成目標。

3. 在生涯資產模擬分析上，我們會建議先使用比較保守的設定變數，如投資報酬率設定區間會低估一些，5～8%合理報酬區間可以使用6%計算，保守的方式會在執行跟調整上，多了一些應對意外變化的彈性。

4. 基富通全稱為基富通證券股份有限公司，以臺灣集中保管結算所及櫃檯買賣中心為創始股東，結合34家國內外資產管理公司成立的證券公司與基金銷售平台。

第二節　如何幫孩子存教育基金？子女教育基金規劃，ETF、存股、保險優缺大解析

　　現代人對於孩子的教育相當重視，「望子成龍，望女成鳳」是所有父母對於孩子的期待與責任。只是，夫妻兩人對於孩子教育方式的想法往往不盡相同，因此該花多少錢在教育上也少有共識，難免成為爭吵的開端。另外，若誤以為買了金融商品，就等於做好財務上的準備，反而忽略了真正的問題，造成人生的財務黑洞。

　　這一節，我們會以丁先生家庭為案例，說明「目標導向投資系統」如何協助人們判斷正確的投資決策。

　　丁先生是創業小成的中小企業主，丁太太除了襄助先生管理部分公司事務外，也負責照料家中三個孩子。有感於年紀漸長，公司事務有朝一日希望由孩子們接棒，夫妻倆對於孩子們的教育支出毫不手軟，甚至未來想讓孩子們大學時就出國深造，學成後開啟接班計劃。

　　另外，夫妻兩人熱愛戶外活動，家中露營設備一應俱全，假日一有空就會帶孩子們四處去體驗大自然。

　　只是，當年紀邁入 40 歲，丁太太卻突然驚覺手邊的資產沒有想像中的多，也擔心萬一先生事業受阻，收入中斷，這樣該怎麼辦？就這樣，丁太太開始多方打聽，聽說只要做好投資，用錢滾錢，產生被動收入，就不用擔心財務問題。只是，市面上的投資商品琳瑯滿目，丁太太也聽說過不少投資血本無歸的故事，遲遲無法做決定，於是想尋求財務顧問的建議。

設立目標

　　看完丁先生與丁太太的故事，我們同樣先從「目標導向投資系統」的五步驟開始分析。下表是財務顧問與丁先生夫婦討論後的財務

目標列表：

安全便利		
換車	6、15 年後	各 200 萬
責任		
子女教育金	國外大學＋碩士畢業	每人 144 萬 / 年
自由		
55 歲「半退休」 65 歲完全交棒	準備至 85 歲	退休金每月 18 萬

　　前面提到夫妻兩人都非常重視孩子，但是實際上，在擬定目標的時候，就會發現有些許的不同：丁太太希望給孩子最好的教育，所以孩子教育金是最優先、最不能被割捨的財務目標；然而丁先生雖然也重視孩子，可是當教育金會耗掉太多財務資源、大幅影響到退休生活品質時，希望可以取得一些平衡。這並非不愛孩子，而是丁先生希望在孩子在出社會前，也能多少了解一下財務，知道賺錢的辛苦。

　　而丁先生這樣的考量也是正確的，因為規劃財務目標時，確實也要同時考量其他目標的達成性，才不會顧此失彼，也才會更釐清夫妻彼此之間的價值觀。

　　經過一番討論，夫妻倆同意，如果財務規劃允許，還是希望能先幫孩子準備好這筆出國深造的費用，而實際上會怎麼運用，可以在未來幾年好好思考。但至少，預先規劃起來，他們才擁有「選擇」的權利。

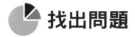 **找出問題**

為了找出問題，我們需要蒐集收入支出狀況、資產負債狀況，先釐清兩人對於金錢的價值觀，以及過往是如何累積資產的，以下是丁氏夫妻的家庭財務現況。

收入支出表：

收入		支出	
項目	年度收入	**項目**	年度支出
事業收入	864 萬	**生活支出**	411 萬
		教育費	80 萬
		保險費	125 萬
		其他	80 萬

資產負債表：

資產		負債	
項目	現值	**項目**	現值
銀行存款	206 萬	**房貸**	800 萬
基金投資	365 萬		
保單價值	503 萬		
房子	3,000 萬		
車子	100 萬		

丁太太一開始理財是以存款與保單為主，或是有多的錢就會提前清償房貸。但後來聽理財名嘴們說，通膨會讓錢越來越薄，所以開始嘗試投資，但有部分投資部位套牢中。

尋求顧問協助前，丁先生覺得自己的事業還是會有所進展，所以收入還會再大幅提升；不過丁太太則不是那麼有自信，當然她願意放手讓先生衝刺事業，但也希望至少不要影響到孩子以及退休的達成。所以，在評估收入成長率時，以零成長的保守方式來預估。

　　另外，每年繳交的保費超過百萬，其中不乏儲蓄型、投資型的保單，他們想確認這樣做是否合適？

 **診斷狀況**

　　首先，我們先依據家庭目前的現況，計算出下列財務指標：

財務指標	現況比率	建議比率
負債比	19.17%	小於 40%
貸款負擔比	9.72%	小於 30%
支出收入比	80.56%	小於 60%
預備金倍數	3.55 倍	6 倍 -12 倍
目標達成率	7.80%	

　　除了前面的收入支出表外，也蒐集了丁先生對於未來收入支出的預估，以及所有可能的現金流，並考量每年 2%的通貨膨脹影響後，可以得到如下的「生涯資產模擬表」：

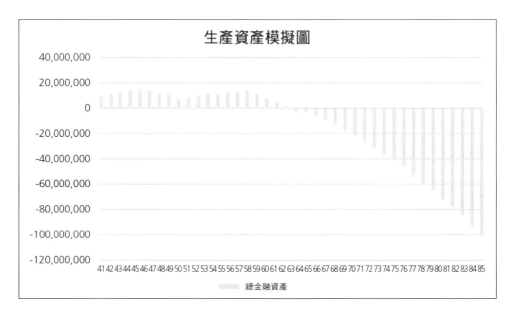

從表中可以看到，丁先生家庭在 65 歲就可能把資產用盡。當然，如果事業收入持續成長，生涯資產模擬圖不會是上圖呈現的樣貌，但是如果不如預期呢？這也是丁太太會擔心的地方。

那麼，如果依丁太太所想，開始進行有系統的資產管理策略呢？我們設定在 65 歲前的目標報酬率為 6％，退休後為 3％，可以得到以下的結果：

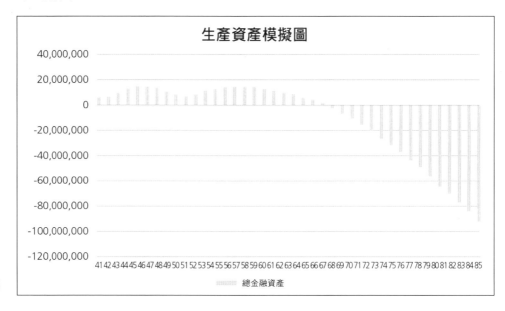

有沒有發現，跟前一張相比，幾乎是完全相同的結果，為何會是這樣呢？

原來，在 45 歲到 52 歲的期間，子女開始屆滿 18 歲，動用到大量的子女教育基金，開始耗用金融資產。然而，複利要發揮效果，最需要的是時間，在沒有足夠時間的情況下，即使調高投資報酬率，也對整體規劃無濟於事。要有效改善資產累積的速度，就要先想辦法解決 45 歲到 52 歲的負現金流問題。

 設計策略

保障內容調整，但無法減省保費

首先看到丁先生家的保費年繳高達 125 萬，可以先從這邊來檢視調整。然而，扣除掉一些儲蓄、投資類的保單後，丁先生一家的保險主要是以終身型為主，所以保費才會如此高，因為丁先生家庭收入高，否則這樣的買法，一般家庭早就透支了。但是，經過每張保單仔細評估後，這些終身型保單若是解約，在這個時間點反而更不划算，在不影響家庭收支的情況下，也只好繼續繳下去。保障缺口透過定期險補齊後，解約小部分保單，讓整體保費支出不再增加。

改善付現金流：增加收入＋減少支出

讓丁先生夫妻了解問題癥結點是在 45 ～ 52 歲的負現金流後，進一步讓他們了解，每年約需騰出 100 ～ 120 萬的現金流，就可以大幅改善，最終擬定的方案是：每年增加 60 萬收入、同時減省 52 萬支出，其生涯資產模擬圖如下：

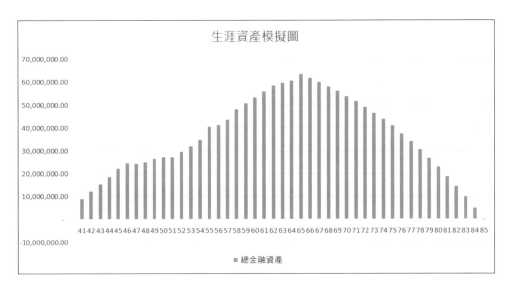

生涯資產模擬圖

丁先生與丁太太此時恍然大悟，原來打造「目標導向投資系統」
的第一步，不是根據 QVDT 原則開始找標的，而是必須要搭配整體的
人生規劃，才能真正讓投資發揮複利威力，將資源「精準」投資在最
有效益的地方。

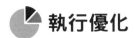 ## 執行優化

資產管理

1. 緊急預備金：應準備 300 萬。200 萬為銀行定存，100 萬以保單
價值準備金支應。

2. 6 年後換車款：以某張保單解約金支應即可，其餘資金可投入
長期目標準備。

3. 長期目標準備：短期內現金流已不致出現負數，故建議全球分
散、股債比 7:3 的投資組合。擬以生產力基礎單一 ETF 策略來執行投
資管理。

究竟 ETF、存股、保單哪個好？

　　ETF 的策略，已經在第三章的第九節詳細說明。至於存股，就是希望長期投資的個股「未來」依舊能持續穩定配發股息，其實就是第三章第十節的價值投資策略。

　　最後則是投資型保單。扣除掉保單內的危險保費、手續費等各項費用，剩下的錢通常會是連結到主動型基金，此時就相當於第二章第八節的生產力基礎主動投資策略，只不過此時購買基金的通路是在壽險公司，並且同時購買了部分壽險。

　　所以，並沒有一種萬能的金融商品或投資策略，對每一個人都是「好」的，因為每個人對於「好」的定義可能是不同的。只要能像第三章第十一節所述，在通過 QVDT 原則的篩選後，清楚了解每項策略的費用、執行複雜度、通路、稅務等細節，並且確認符合自己的需求，那就會是一個「好」的策略。

購買金融商品，就是做好投資？

　　丁太太的想法並沒有錯，做好投資，確實能夠在理財路上事半功倍。但是，多數人忽略了，如果投資策略要能夠發揮效果，是必須要符合 QVDT 原則的。人們往往只看到別人吹噓賺大錢的方法，卻沒想過是否有邏輯、未來能否複製？或是某個時期績效特別好，沒想過會不會只是運氣好？然後再被自己內心擔憂錢不夠用的恐懼推一把，就購買了金融商品。

　　當商品價格如預期上漲一些後，因為擔心獲利回吐，就急著獲利了結。但是贖回獲利的商品後，又開始尋找下一檔標的，不斷循環，直到有一天被套牢，就想起投資的要件是需要「足夠的時間」，等待解套的一天來臨。

尋求獨立財務顧問的建議

如果我們沒有足夠完整的專業去判斷什麼商品才是合適的，那麼尋求專業第三方的建議，也會是值得嘗試的方法。目前市面上有許多獨立財務顧問，這樣的顧問不以銷售商品的佣金做為收入來源，立場上是站在客戶的一方，客觀剖析商品的優缺點，確保商品符合客戶的需求。

通常這類的獨立財務顧問，也都會提供線上免費諮詢，先初步了解可能的服務流程與費用，即使是第一次見面諮詢，通常也不會立刻就要決定付費聘請該名顧問。若是該名顧問有國際認證理財規劃師（Certified Financial Planner, 簡稱 CFP）或是國際特許財務分析師（Chartered Financial Analyst, 簡稱 CFA）的證照，代表其在專業上有一定程度的可信度。除了專業證照外，也建議在第一次見面諮詢中，詳細詢問以下的問題：

1. 該名顧問的報酬、收入來源為何？

2. 如果有收取銷售金融商品的佣金，是否會詳列出金額？

3. 有沒有收取轉介費或是分潤？

4. 會協助我們做好財務規劃、收支管理、資產管理、風險管理？怎麼做？

5. 如何協助我們達成財務目標？

6. 顧問服務的過程與產出會是什麼？

7. 過去是否有類似的案例？

8. 如果對於服務不滿意，可以透過什麼管道申訴？

因為顧問的服務高度客製化，單純比較收費無法真正決定是「貴」還是「便宜」，建議可以多問、多比較，找到能真正解決自己家庭財務問題的顧問。

第三節　年收破百萬，存款卻卡關？做好人生財務規劃，每年儲蓄多存下 20%

很多人都以為，財務問題只需要收入高就可以解決了，但實際真的如此嗎？收入高通常伴隨著消費高，也容易以為目前這樣消費不會有大問題，反正下個月薪水就進來了。讀完這一節後，你將發現真正影響有沒有儲蓄累積，來為未來做好準備，不只是因為收入的問題，而是有更深層的原因。以下我們用實際的案例來做說明。

David 在台南科學園區某公司擔任工程師，收入待遇還不錯，親友也人人稱羨，想說現在自己也 40 歲了，而且並沒有很渴望一段婚姻，想著只有自己一個人的話，應該要有不錯的生活品質，把生活過得愉快是 David 最在意的事。

David 一直以來維持差不多的生活型態，但卻在 40 歲時發現，自己的存款怎麼只有 10 萬元，於是他開始擔憂自己的未來，真的能像自己原本所想愉快過生活嗎？

設立目標

看完以上故事後，我們接著來分享，如何透過 6 個步驟來解決現有的財務困境：

先討論出目標價值觀

當我們正在迷路時，地圖就很重要。如果沒有要抵達的目的地跟地圖，我們只能漫無目的地走，難道要走到彈盡援絕的時候，才發現這是自己不想要的生活嗎？所以知道自己真正想要什麼，才能夠設定具體的目標。

David 的價值觀是：

目標	價值觀	輪廓描述
生活	享受有品質的黃金單身生活	希望所有目標都能達成下，能過一個舒適喜歡的生活
退休	不想一直到年紀很大都還在工作	希望努力工作可以及早退休
旅遊	一直想去南北極旅遊，看看平常想像不到的風景	希望退休後可以實現南北極旅遊
換車	希望換一個自己覺得不錯的車款，也給自己一點成就感	想換奧迪高階一些的車款

將目標量化

（1）工程師生活很爆肝，David 想要 55 歲退休，並為 30 年的退休生活做準備，每年 78 萬。

（2）退休後能去南極跟北極旅遊，花費 120 萬。

（3）再 15 年換一次車，想換奧迪高階的車款，準備 300 萬。

目標項目	David	
	年度性支出	一次性支出
15 年後換車		3,000,000
退休後南北極旅遊		1,200,000
退休金 30 年	780,000	

◕ 找出問題

財務現況

（1）年收入 142 萬。

（2）年支出約 114.6 萬。

（3）每年約可以存下 27.4 萬。

（4）在 5 年前買了 700 萬的房，當初貸款 560 萬，貸款年期 30
年，利率 1.69％，每月還款 19,842 元，目前餘額約 485 萬，
房屋現值 800 萬。

（5）目前存款 10 萬，保單價值準備金 9 萬。

（6）剛買一台奧迪的新車 200 萬。

David 收入表：自己對收入還算滿意

項目	David	
	每月收入	年度收入
薪資收入	85,000	
年終及三節		350,000
其他補助		50,000
年度總收入	1,420,000	

存不下錢的最大原因

（1）各項支出金額偏高，因為 David 覺得自己收入不錯，應該要
有比較好的生活品質，但這些消費習慣就像隱形支出，累積
在日常花費上面，而且難以察覺。（參下圖支出表）

（2）年度保費 10 萬，卻有 6 萬是儲蓄險，保費的配置上許多花
　　費不是目前所必需的。

（3）年度旅遊加休閒費用 10 萬，每年一個人的旅行是他很享受
　　的一部分，但這也是一筆不小的支出。

項目	David	
	每月支出	年度支出
飲食	13,000	
治裝、化妝		20,000
水電瓦斯	1,300	
大樓管理費	3,000	
通訊費	799	
交通、車輛保養	1,500	20,000
進修、書籍	3,000	
運動休閒娛樂	1,000	100,000
醫療保健		12,000
雜支	2,000	
紅白包、交際	2,000	6,000
公益		10,000
家電、家具修繕		40,000
父母孝養	10,000	36,000
所得稅		74,040
房屋、地價稅		8,498
燃料、牌照稅		17,860
勞健保	2,413	
保費		100,000
貸款支出	19,842	
個人年度支出	**1,162,646**	

收入支出表可以判斷自己怎麼累積財富，資產負債表則是累積的結果，金錢沒有不見，只是看它變成什麼東西。但萬一累積太少，就會影響到生活以及未來目標能否達成。

David 資產負債表：沒有太多現金結餘，負債僅一筆房貸

項目	David	
	資產	負債
現金	100,000	
保單現金價值	90,000	
房屋現值	8,000,000	
汽車現值	1,600,000	
房貸		4,850,000
總資產／總負債	**9,790,000**	**4,850,000**
備註	因房跟車沒有打算變賣，這類自用資產需要留意變現的可能性。	

財務問題點是什麼？

（1）因為收入高，習慣性地提高花費，覺得自己支出的起，容易導致儲蓄不夠。

（2）因為金錢都花在自己身上，比較不會有其他人來制約，這也容易產生沒有節制的現象，而忽略未來目標的達成，尤其可能成為下流老人。

（3）資金的運用效率不佳，沒有辦法做到複利滾存的累積。

 **診斷狀況**

財務指標判斷

財務指標	評估方向	公式	建議比率
負債比	4,850,000/9,790,000×100% = 49.54%	總負債 / 總資產 ×100%	小於 40%
貸款負擔比	19,842/85,000×100% = 23,34%	月貸款支出 / 月收入 ×100%	小於 30%
支出收入比	1,162,646/1,420,000×100% = 80.74%	年支出 / 年收入 ×100%	小於 60%
預備金倍數	100,000/96,887 = 1.03 倍	存款 / 平均月支出	6 倍 -12 倍
目標達成率	4,940,000/27,600,000×100% = 17.90%	自有資產 / 目標金額 ×100%	抵達目標累積進度

　　現況簡易判斷主要問題在高收入但也高支出，需要想辦法增加儲蓄並開始投資，否則在目標還很遙遠的情況，隨著時間縮短越難達成目標。同時需要提高緊急預備金的金額，以避免遇到特殊意外時，可快速變現的資產不足以應對意外。

模擬分析

　　因為每項目標都有時間因素以及通膨影響，因此需要綜合評估，不能以單一目標評估後再換下個目標。同時還需要考慮薪資成長率、勞保與勞退的退休金、保費預估成長、不同組合及時期的投資報酬率……等。

David 是否能照原本生活模式達成各種目標？

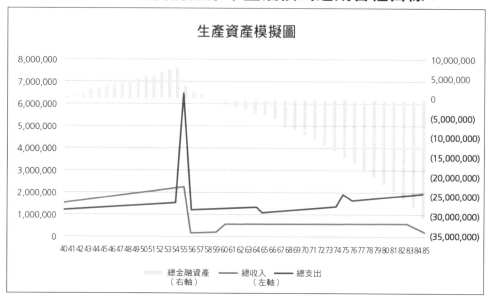

生產資產模擬圖

David 寫完財務報表後，才知道自己花費比想像中多，也難怪存不下什麼錢，生涯資產模擬（如上圖）顯然是無法達成各項人生目標的。他的確可以選擇 55 歲退休，也能在退休那年去南北極遊玩、買一部更喜歡的車。但在 58 歲左右就會沒有錢滿足原有生活，勞保退休金及勞工退休金共每月領取 29,072 元，無法滿足原本每月 65,000 元的缺口，因此資產只能使用到 58 歲。

項目	David	
	月退	一次性
勞保退休金	15,902	
勞工退休金	13,170	
個人退休金	**29,072**	
備註	1. 勞工退休年金的領取年期，可以選擇領到 80 歲或領到 84 歲，因考量 David 打算準備退休金到 85 歲，所以選擇領到 84 歲。 2. 勞保退休年金的請領依「符合請領年齡」為準，提前或延後領會有所增減，提前 1 年按給付金額減少 4％，最多提前減少 20％；延後 1 年按給付金額增加 4％，最多增加 20％。如 65 歲符合請領年齡，可提前 60 歲請領退休年金 x 80％計算，也可延後到 70 歲請領退休年金 x 120％計算。	

設計策略

經過與 David 討論調整方案，確認自己的價值觀與優先順序後，做出以下的調整，並確認目標都可以因為調整而達成：

1. 原本保費每年 10 萬塊做了調降，因為保險的功能要解決的問題是，一旦發生事故，是否會影響到生活的各種風險與責任問題。所以需要調整成適合自己的保險，萬一發生事故需要負擔什麼責任，再依自己的收入支出與資產負債狀況來確定保額，並衡量保費預算對整個人生的影響。

David 的儲蓄險需要減額繳清（註 1），並補足原本在失能、醫療、重大疾病、癌症治療……等的缺口，調整保險狀況後，保費反而下降到每年 6 萬。

2. 延後 5 年退休，帶來的效益是每月增加 6,687 元的退休金，並且增加了 5 年的主動收入。

項目	David	
	月退	延後退休月退
勞保退休金	15,902	18,741
勞工退休金	13,170	17,018
個人退休金	**29,072**	**35,759**
備註	1. 勞工退休年金的領取年期，可以選擇領到 80 歲或領到 84 歲，因考量 David 打算準備退休金到 85 歲，所以選擇領到 84 歲。 2. 勞保退休年金的請領依「符合請領年齡」為準，提前或延後領會有所增減，提前 1 年按給付金額減少 4％，最多提前減少 20％；延後 1 年按給付金額增加 4％，最多增加 20％。如 65 歲符合請領年齡，可提前 60 歲請領退休年金 x 80％計算，也可延後到 70 歲請領退休年金 x 120％計算。	

3. 規劃調整了支出，因為可調整項目都是規劃討論時，自己衡量的選項，所以如果符合原本計畫的消費就可以執行，不符合的消費也可以忍得住，年支出減少 78,000 元，每年儲蓄多存下 28.5％。

（1）旅遊休閒每年繳少 20,000 元。

（2）保健食品每年減少 6,000 元。

（3）進修與書籍費每年減少 12,000 元。

（4）保費每年減少 40,000 元。

4. 預計 15 年後換車改成奧迪同級價位的新車，目標預算減少 100 萬；原本退休後的南北極旅遊，決定改成只去北極，減少 80 萬的目標預算。

5. 財務狀況逐漸好轉後，建構長期的投資組合架構才能夠有穩當的複利累積。依 David 的狀況而言，本來先考量在投資使用「價值投資策略架構」，並使用券商開立複委託的投資方式，但後來發現這佔有自己太多的時間跟精神，不符合自己想要的生活。經過充分溝通後，David 改成使用「生產力基礎主動投資策略架構」，建構退休前複利 6％的組合，退休後因為主動收入減少而改為複利 3％的組合，經由基富通平台開始投資，希望解放時間，並減少心理壓力。

經由規劃調整後，所有目標都能夠達成：

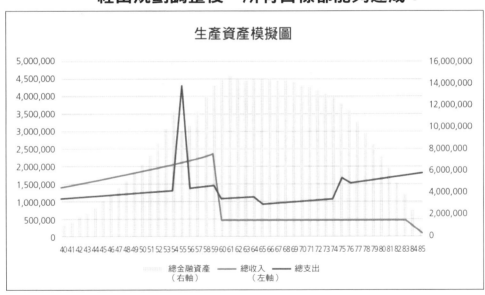

執行優化

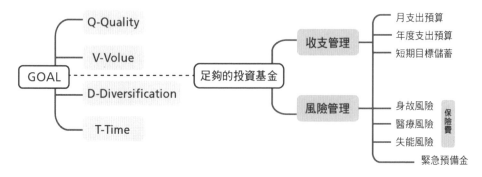

我們在執行調整時，其實就像這張不斷出現的「目標導向投資系統」的流程圖一樣，經由目標確認，確定投資方式與投資組合，推導到現在需要多少投資資金才能達成目標，**在「收支管理」跟「風險管理」考量調整下，開始執行及優化「收入增加」、「支出減少」、「目標延後」、「目標減少」、「投資組合調整」**，確保搭建好未來目標與現在生活的橋樑。

年度檢視

David 幾年前開始執行財務規劃與投資到現在，我們在每年的財務檢視過程中，他說對生活的改變有很大的感觸。他開始知道每一個消費影響的是什麼目標及生活，只要照著計劃錢就存下來了，每年檢視就會看到有照著軌跡前進，有安心踏實的感覺。

也因為我們在設計財務規畫上，必須有比較保守的考量，這樣遇到各種特殊意外時，都能有比較彈性調整的空間（註 2）。所以 David 執行計畫後的資產累積，比預期積累更多。照目前超越執行進度的累積，很可能退休時的換車或者南極旅遊可以不需要妥協，能照原本自己最希望的模式進行。當在周年財務檢視發現這件事的時候，我們都非常雀躍，也知道照著執行的計畫，都會有各種美麗的驚喜。

目標導向投資系統與財務規劃，帶來人生價值

我們都知道，即便擬定好各種計畫，仍然會遇到各種意外，也因此容易感到害怕，但是越害怕的時候，制定好人生的財務藍圖就更加重要。如果未來有機會一片光明，我們就更有勇氣做出改變。而如何具備執行的勇氣呢？開始使用本書的方法，打破對投資的迷思，我們會漸漸變得勇敢以及有信心。在有藍圖計畫的標準下，讓自己在調整執行上，再也不會不知所措。

附註

1. 減額繳清是指保單目前所累積的價值準備金，做為一次繳清的費用，改成保障內容、期間不變，僅保額降低的狀態，並且以後不需再繳保費。

2. 為了有應對意外的調整彈性，在設計計畫時，我們會對生活預算高估一些、通貨膨脹比率設計高估一點、投資報酬率設計低估一點等⋯⋯。

第四節　年薪超過 300 萬，高薪族如何資產管理？理財顧問協助財務規劃，讓投資更安心

高收入代表存款多嗎？專業人士平時工作繁忙，是否難以分心做好通盤的財務規劃？此外，收入雖然來得快，但是去得更快，要如何在家庭生活品質與退休金準備當中找到平衡點，往往是高收入族群心中不安的根源。

這一節，我們會以方先生家庭為案例，進一步說明，「目標導向投資系統」如何協助高收入族群做好財務規劃與資產管理。方先生的個案並非特例，而是許多家庭、特別是高薪專業人士的普遍現象。

專業人士方先生，在兩個男孩子出生後，家庭開支日漸增高。年收入雖然超過 300 萬，然因工作繁忙疲憊，未有具體的財務規劃，實際存款也不如外界想像多。為了給家人更好的居住品質，方先生與方太太選擇將家裡大翻修，也幾乎花掉所有積蓄，家中緊急儲備存款僅剩 38 萬，身為家中經濟支柱，方先生買了許多保險，每年保費須繳數十萬！

面對僅剩不多的積蓄、龐大的保費及家中的經濟重擔，邁入中年的方先生，心中感到焦慮不安，於是與太太一同前來尋求財務顧問的協助，正視家庭財務問題。

 設立目標

了解方先生家庭擔憂的財務問題後，我們同樣必須先釐清方先生夫妻倆對於財務目標的期待，而非急著購買工具解決問題。由於夫妻兩人非常重視孩子，希望給孩子最好的教育，同時也希望孩子出社會後，夫妻倆有能力給孩子一筆資金，降低買房的負擔。同時，由於方先生工作壓力大，太太也希望兩人能早點開始有品質的退休生活。

與財務顧問討論後，方先生與方太太逐一設定了明確的子女教育金、子女成家贊助金以及退休金的具體金額與時程，如下表。

祝福		
子女成家贊助金	25 年後	500 萬
責任		
子女教育金	準備到國外博士畢業	每人 144 萬 / 年
自由		
60 歲退休	準備至 85 歲	退休金每月 12 萬

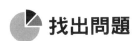 ## 找出問題

為了找出問題，我們需要蒐集收入支出狀況、資產負債狀況，先釐清兩人對於金錢的價值觀，以及過往是如何累積資產的，以下是方氏夫妻的家庭財務現況。

收入支出表：

收入		支出	
項目	年度收入	**項目**	年度支出
工作收入	417 萬	**生活支出**	183 萬
		教育費	60 萬
		保險費	60 萬
		其他	15 萬

資產負債表：

資產		負債	
項目	現值	**項目**	現值
銀行存款	38 萬	**房貸**	875 萬
保單價值	367 萬		
房子	2,300 萬		
車子	80 萬		

方先生是專業人士，年輕時在事務所磨練，後來得以獨立執案，工作收入呈現倍數成長，如果不怕累壞身體的話，工作收入還有增加的空間。也因為工作過於忙碌，太太又全心照顧兩個孩子，無暇研究理財資訊，所以過往的資產以存款與保單為主。

在房子重新整修裝潢前，本來存款還有 400 多萬，也是夫妻倆積攢了好幾年，才終於啟動整修計畫。只是當裝潢華麗完工、將工程尾款付出去後，赫然發現現金所剩無幾，完成目標的愉悅感很快被未來的不安所取代。

尋求顧問協助前，方先生覺得自己還是賺太少，應該要設法多增加收入，加快存錢速度。而方太太則覺得自己沒有控管好家裡的開支，應該要減少支出，所以應該要多賺錢、少花錢。然後，他們認為應該要開始尋求更多元的投資工具，祈禱自己找到聖杯，讓資產快速、大幅地增值。

另外，每年雖然繳交數十萬的保費，他們仍然不清楚到底買了哪些保險，發生保險事故時又能得到多少理賠？

診斷狀況

首先，我們先依據家庭目前的現況，計算出下列財務指標：

財務指標	現況比率	建議比率
負債比	31.42%	小於 40%
貸款負擔比	16.67%	小於 30%
支出收入比	76.26%	小於 60%
預備金倍數	1.43 倍	6 倍 -12 倍
目標達成率	5.41%	

除了前面的收入支出表外，也蒐集了方先生對於未來收入支出的預估，以及所有可能的現金流，並考量每年 2% 的通貨膨脹影響後，可以得到如下的「生涯資產模擬表」：

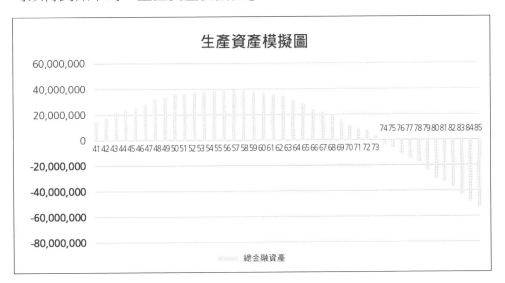

從表中可以看到，若依照現有的理財模式，方先生家庭確實在 73 歲以前不會遭遇太大的財務困難，但是顯然不可能照著期望在 60 歲

退休，因為手邊根本就沒有足夠的資產支撐退休生活，勢必得延後退休，並且大幅降低退休後的生活品質。

多賺一點或是少花一點，確實可能會是解方之一，但是相對的就必須要降低家裡的生活品質、減少和家人相處的時間，然而這並不是方先生方太太他們最想要的。

事實上，他們的家庭支出佔收入的比例約為 76.26％，並非不合理的水準。所以，在勉強自己多接幾個案，或是降低生活與旅遊預算前，或許我們可以先從其他的部分來做設計與調整。

 設計策略

重整全家保單，保費減省近 19 萬

首先來看看方先生家裡的保險。目前的保費支出約佔家庭總收入的 14.39％，然而保障明顯不足（如下圖）。由於過往沒有足夠的投資知識，也沒有時間去好好研究，所以累積資產的方式，主要是以儲蓄險為主。

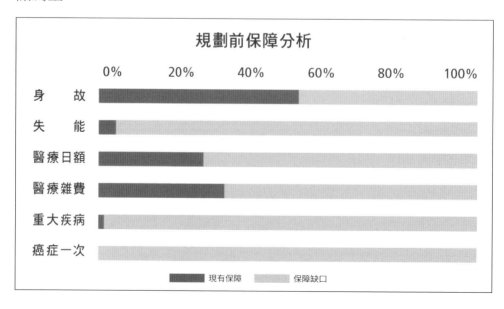

規劃前保障分析

| | 0% | 20% | 40% | 60% | 80% | 100% |

身　　故
失　　能
醫療日額
醫療雜費
重大疾病
癌症一次

現有保障　　保障缺口

這樣的方式雖然沒有價格的波動風險，但是報酬率相對也不高，無法符合方先生家庭所需要的報酬率，所提供的保障也不足，並不是符合方先生家庭財務規劃的金融工具。

經過建議與調整後，以純保障型的定期險來補足保障缺口，同時調整其他原有較不符合需求的保單後，不僅可以一一滿足方先生一家所需的保障，全家年繳的保費甚至可以減少將近 19 萬元！每年可以多騰出 19 萬的資金，建構一個充分分散、股債平衡的投資組合中。

調整資產管理策略

若將工作累積期的年化報酬率提高至 6%，退休後則是 3%，提高資產的累積效率，其結果如下：

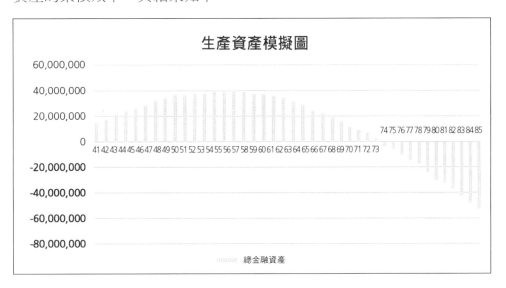

與本章第二節的個案相同，並不是靠著投資就可以解決所有問題。以方先生的狀況，報酬率需要提高到 12% 才足以完成所有目標。

調整順序：價值觀排序

若是無法達成目標的情況下，方先生他們的調整順位如下：

1. 調降子女教育金，至國內私立大學畢業；

2. 調降子女成家贊助金，不低於每人 80 萬；

3. 方先生再提高收入 36 萬 / 年。

實際試算後，再調整第一項的子女教育金後，第二項的子女贊助金，僅需調降至 250 萬，即可完成目標。

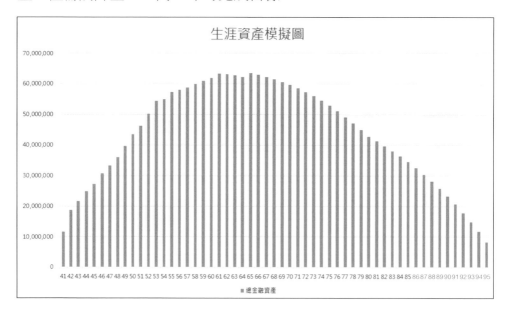

上述調整意味著什麼？方先生夫婦在規畫過程中，達成了一項重要的共識：他們不願意犧牲現在跟孩子相處的時間，也不願意犧牲現在家庭生活或是旅遊的品質，來換取對他們而言，算是「錦上添花」的成家贊助金。也不用再為了退休不足的恐懼，強迫自己多賺點錢，犧牲陪伴家人的寶貴時光。

執行優化

資產管理

1. 緊急預備金：目標 100 萬現金，另 50 萬以部分保單保價金支應。

2. 工作期間所需的目標報酬率為 6％，股債比例至少為 90/10。最終方先生夫妻選擇以生產力基礎單一 ETF 策略進行配置。

收支管理

以 ABC 帳戶的方式，將方先生家庭的收支金流規劃如下圖：

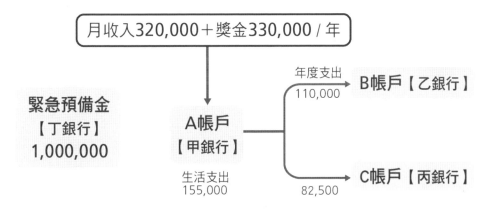

年度檢視

經過一年的執行，很高興看到方先生家庭這一年來的執行成果，實際上是略優於預期的，可說是跨出相當成功的第一步。但是第二年檢視前，方太太有了些新的想法：

「確實，趁現在花時間工作，多賺點收入，經過良善的資產管理，未來可以如預期退休。但是，如果晚幾年退休，來換取現在更多陪伴孩子長大的時間，是否也可行呢？」

「屆退或退休的時期，孩子都大了，雖然體力不如現在好，但若能轉換角色擔任管理、顧問之類的職務，一來還能有點收入，二來如果還沒找到退休生活的重心，有份差事做也挺不錯的。」

雖然方先生說目前這樣的工作量是他可以負荷的，但是方太太仍想知道，如果需要適度喘口氣的話，會有多少空間？

在此就不再贅述討論的細節了。然而回想這段過程時，這才發現，自己見證了一個丈夫對妻子兒女家庭的承諾與擔當，也看見一個妻子對丈夫的愛。

財富最大化，並不等於人生價值最大化

這樣的場景，其實一直不斷在我們協助客戶的過程中上演。

同樣是為孩子準備的教育金，有的人是希望孩子如果有機會出國深造時，自己是可以給予財務支持的；但也有人希望讓孩子稍稍體會賺錢的辛苦，對他出社會更有幫助，所以僅負擔大學生活費，但學費就靠自己打工或學貸。

同樣是買房，有的考量孩子接送方便，所以單價貴一點沒關係；有的考慮空間舒適，所以稍微偏遠一些沒關係；也有的考慮跟父母同住，所以公設必須完備且友善。

但是當我們把所有目標與現況全都放在一起討論時，就如同前面方先生家庭的例子，他們的人生價值觀得以在這個過程當中，慢慢的浮現出來，同時在財務顧問的協助下，知道每個決策背後的「機會成本」，了解是否擁有「選擇」的能力。

每個家庭最終訂定的財務藍圖，都不盡相同。但，唯一不變的，是對家庭的愛與關懷。

真正精準的投資，並不是產出一本本華麗的試算表、報告書，說明買了就會賺多少的過程，而是一個不斷探索內心價值觀，並且持續

修正的系統，讓我們得以把時間與金錢，花在最值得的人事物上。

　　因為若是沒有明確目標，人會自然地選擇完成最接近的目標，或是財富最大化的計畫。但，這真的是我們要的嗎？如同方太太所想，隨著時間流逝，孩子們都長大了，陪伴孩子的時光還能夠挽回嗎？

　　完整規劃執行「目標導向投資系統」，或許一開始得花不少時間，才能規劃好自己的財務藍圖，但之後每年只要再花少少的時間檢討、修正，就能讓人生更加精彩、豐富而且安心，這樣的做法，會不會才是人生中最划算的「投資」呢？

─────── 結語 ───────

　　或許很多人一開始會以為，這是一本說明投資技巧，或者介紹投資標的物的書籍。但其實在我們的「目標導向投資系統」中，**投資技巧比較像是「How」，投資標的則是「What」**。很多人在投資上不如預期，並不是「How」跟「What」的問題，而是這兩者並沒有與自己心中的那一個「Why」做結合，當我們不知道自己的行為是「為了什麼」的時候，會讓我們在投資上始終像浮萍一樣，甚至一開始就做了錯誤的決定，但自己卻不知道。這一個「Why」，我們稱為**「哲學」、「價值觀」、「標準」**，每個人其實都有這麼一個東西藏在心裡面，但可能從未好好地挖掘。

　　要清楚挖掘出來**「哲學」、「價值觀」、「標準」**，其實有 2 個方式：

　　1. 找到自己的**興趣熱情**所在，自然會把大量的時間精力放在興趣熱情上，會越來越清楚心中的「Why」是什麼，這時做什麼決定就會有判斷標準，不輕易受到外界影響。

　　2. 另一個就是本書想要傳遞的想法，不一定每個人都對投資本身有興趣來自發性地找出「Why」，大多數人是想要投資結果，希望這可以解決自己的問題。所以**我們可以透過目標導向投資系統，來打造出每個人獨一無二的人生藍圖。讓自己在投資或任何財務決定上，都連結到人生想要的目標、所愛的事物、期待的生活，這時我們的行為就有了標準，能夠像燈塔一樣指引自己要前進的方向**。因為這些行為都跟我們真正想要的東西有系統性的連結，才能夠「精準投資」，真正感覺到財務與投資上的安心感。

　　這一本書完整包含我們想傳遞的觀念，但其實寫書真的不是一件容易的事情，無法單憑一己之力或我們兩個人的努力就可以完成。這本書是因為我們得到許多人的幫助與支持才得以問世，感謝另外一

半、家庭、親友、推薦人、各方夥伴、出版社、我們每一個陪伴的家庭（實際個案），真的感謝每一個支持我們的人，讓這一本書與大家見面，有機會將覺得很重要的事情，藉由書籍傳達給大家。**我們相信，要做好投資理財，需要財務規劃，但財務規劃不單是金錢的問題，而是理想人生的規劃，每一個人的人生都值得用心對待，過上自己期待的生活。**

　　最後，我們想要訴說的東西實在太多太多，在一本書裡面也只能盡量闡述觀念，但仍有許多執行跟規劃的細節，不容易完整表達。如果你看完書後產生各種想法、疑問、困惑，其實這是非常棒的一件事情，這表示有找到方向，並做好準備往下一步前進了。因此我們也非常期待聽到這些想法，如果有任何想法與疑問，歡迎你發 Email 到 service@dingfang.com.tw，我們期待與你更進一步討論。

台灣廣廈 國際出版集團
Taiwan Mansion International Group

國家圖書館出版品預行編目（CIP）資料

精準投資：為什麼你的投資總是不如預期？5 步驟打造自己的人
生投資計畫 / 洪哲茗、邱茂恒 著，
-- 初版. -- 新北市：財經傳訊, 2022.12
面；　公分. --（view; 57）
ISBN 978-626-9610-69-3（平裝）
1.CST：個人理財　2.CST：投資

563　　　　　　　　　　　　　　　111012437

財經傳訊
TAKE 4 MONEY

精準投資：
為什麼你的投資總是不如預期？5 步驟打造自己的人生投資計畫

作　　　者／洪哲茗、邱茂恒	編輯中心／第五編輯室
	編 輯 長／方宗廉
	封面設計／張天薪
	製版・印刷・裝訂／東豪・紘億・弼聖・秉成

行企研發中心總監／陳冠蒨　　　　　線上學習中心總監／陳冠蒨
媒體公關組／陳柔彣　　　　　　　　產品企劃組／顏佑婷
綜合業務組／何欣穎

發 行 人／江媛珍
法 律 顧 問／第一國際法律事務所 余淑杏律師・北辰著作權事務所 蕭雄淋律師
出　　　版／台灣廣廈有聲圖書有限公司
　　　　　　地址：新北市 235 中和區中山路二段 359 巷 7 號 2 樓
　　　　　　電話：(886) 2-2225-5777・傳真：(886) 2-2225-8052

代理印務・全球總經銷／知遠文化事業有限公司
　　　　　　地址：新北市 222 深坑區北深路三段 155 巷 25 號 5 樓
　　　　　　電話：(886) 2-2664-8800・傳真：(886) 2-2664-8801
郵 政 劃 撥／劃撥帳號：18836722
　　　　　　劃撥戶名：知遠文化事業有限公司（※ 單次購書金額未達 500 元，請另付 60 元郵資。）

■出版日期：2022 年 12 月
ISBN：978-626-9610-69-3